MARCO POLO

SCHWEDEN

MARCO POLO KOAUTORIN

Karin Bock-Häggmark

Die Journalistin und Historikerin verschlug es vor mehr als 20 Jahren der Liebe wegen nach Schweden. Sie mag den Kontrast zwischen Stress pur im Stockholmer Alltag und Ruhe pur in der Natur. Mit der sprichwörtlichen Beherrschtheit der Schweden kämpft die gebürtige Münchnerin hingegen noch immer. Als geprüfte Stadtführerin zeigt sie Touristen Stockholm *(www.schwedeninfo.se)*.

GRATIS

DIE TOUREN-APP

zu den Erlebnistouren zeigt, wo's langgeht: inklusive Tourenverlauf und Offline-Karte

EVENTS & NEWS

Schnell die wichtigsten Infos auf dem Smartphone: Events, News, neue Insider-Tipps und ggf. aktualisierte Erlebnistouren als PDF zum Downloaden

HOLEN SIE MEHR AUS IHREM MARCO POLO RAUS!

SO EINFACH GEHT'S!

1 go.marcopolo.de/swe

2 downloaden und entdecken

GO!

OFFLINE!

SYMBOLE

INSIDER TIPP	Insider-Tipp
★	Highlight
●●●●	Best of ...
	Schöne Aussicht
	Grün & fair: für ökologische oder faire Aspekte
(*)	kostenpflichtige Telefonnummer

PREISKATEGORIEN HOTELS

€€€	über 150 Euro
€€	90–150 Euro
€	unter 90 Euro

Die Preise gelten für zwei Personen im Doppelzimmer mit Frühstück

PREISKATEGORIEN RESTAURANTS

€€€	über 30 Euro
€€	20–30 Euro
€	unter 20 Euro

Die Preise gelten für eine Hauptspeise zum Abendessen

 Titelthemen: Tausende Schären vor Stockholm S. 43 | Aurora Sky Station S. 95

GUT ZU WISSEN
Geschichtstabelle → S. 14
Spezialitäten → S. 28
Snusen erlaubt → S. 66
Lesehunger & Augenfutter → S. 90
Samen → S. 96
Mit dem Schiff auf dem Götakanal → S. 107
Was kostet wie viel? → S. 129
Währungsrechner → S. 130
Wetter → S. 133

KARTEN IM BAND
(140 A1) Seitenzahlen und Koordinaten verweisen auf den Reiseatlas
(0) Ort/Adresse liegt außerhalb des Kartenausschnitts
Es sind auch die Objekte mit Koordinaten versehen, die nicht im Reiseatlas stehen
(U A1) Koordinaten für die Karte von Stockholm im hinteren Umschlag

(A–B 2–3) verweist auf die herausnehmbare Faltkarte
(a–b 2–3) verweist auf die Zusatzkarte auf der Faltkarte

UMSCHLAG VORN:
Die wichtigsten Highlights

UMSCHLAG HINTEN:
Stadtplan von Stockholm

Die besten MARCO POLO Insider-Tipps

Von allen Insider-Tipps finden Sie hier die 15 besten

INSIDER TIPP **Krimispaziergänge**
Für Stieg-Larsson-Fans: Mit einem „Millennium"-Stadtplan ausgerüstet oder bei speziellen Stadtführungen wandeln Sie *auf den Spuren der Romanhelden* Mikael Blomkvist und Lisbeth Salander durch Stockholm → **S. 40**

INSIDER TIPP **Bier mit Aussicht**
In Stockholms schönstem Biergarten auf der *Mosebacketerrasse* gibt's auch musikalische Chillout-Sessions → **S. 40**

INSIDER TIPP **Im Glashaus schlafen**
100 Tonnen Glas sind im *Kosta Boda Art Hotel* in Växjö verbaut. Ein Meisterstück schwedischer Glasmacherkunst → **S. 51**

INSIDER TIPP **Sundsvall von oben**
Eine historische Stadtwanderung führt auf kleinen Pfaden in schwindelerregenden 28 m Höhe über die Dächer der prachtvollen Innenstadt → **S. 90**

INSIDER TIPP **Eisskulpturen leicht gemacht**
Das ganze Jahr über können Sie im Eishotel in Jukkasjärvi in *Kursen* lernen, wie Sie in drei Stunden aus einem schlichten Eisblock ein kleines Wunderwerk machen → **S. 94**

INSIDER TIPP **Großstadt-Paddeltour**
Wer im Kanu durch die Stockholmer Schären paddelt, ist mit der Stadt auf einer Wellenlänge → **S. 39**

INSIDER TIPP **Die Kunst der Seile**
Wie hat man eigentlich früher Seile, Taue und Trosse hergestellt? In der 300 m langen *Reepschlägerei* im Hafen von Karlskrona wird es Ihnen gezeigt → **S. 48**

INSIDER TIPP **Malen und Wohnen um 1900**
Im *Zornmuseet* und *Zorngården* in Mora können sich Kunstfans auf die Spuren von Anders Zorn begeben, einem der bekanntesten schwedischen Maler → **S. 84**

INSIDER TIPP Wohnen, wo andere malen

Lassen Sie sich in den *Gästeateliers* des Nordischen Aquarellmuseums auf der Insel Tjörn inspirieren, wo das Zusammenkommen von Wasser, Himmel und Land unzählige Motive hergibt → S. 63

INSIDER TIPP Mittelalterliche Moorleiche

Im kulturhistorischen Museum von Halland ist der arme ermordete *Bockstens-Mann* zu sehen, eine Moorleiche aus dem 14. Jh. → S. 65

INSIDER TIPP Kulinarisches mit Blick auf Stockholmer Schönheiten

Wo früher Güter über Ladeluken in das Zollhaus am Hafen geladen wurden, bieten sich heute phantastische Blicke auf die Altstadt, Skeppsholmen und Djurgården. Im Café im obersten Stock des Fotografiemuseums (Foto li.) wird nicht nur Visuelles, sondern auch Kulinarisches geboten → S. 35

INSIDER TIPP Aurora Sky Station

Auf einem Berg im äußersten Norden ist zwischen November und April fast jede Nacht das Polarlicht zu sehen (Foto u.) → S. 95

INSIDER TIPP Fische fangen beim Ministerpräsidenten

Im Strom zwischen Reichstag und Regierungssitz darf geangelt werden → S. 117

INSIDER TIPP Die Stadt zu Füßen

Vom Café im Göteborger Wasserturm haben Sie eine perfekte Aussicht auf die Stadt → S. 58

INSIDER TIPP Musik am Siljan

Rund um Schwedens siebtgrößten See präsentieren im Sommer viele Festivals unterschiedlichste Musik: von klassischem Folk auf dem Bootssteg über Opernkonzerte in einer stillgelegten Kiesgrube bis zu Hardrockkonzerten im Skistadion → S. 88

BEST OF ...

TOLLE ORTE ZUM NULLTARIF

Neues entdecken und den Geldbeutel schonen

SPAREN

Erster urbaner Nationalpark der Welt

Der *Ekoparken* zieht sich über 27 km² durch Stockholm und bietet zahlreiche kostenlose Freizeit- und Bildungsangebote – frische Luft und jede Menge Platz inklusive → S. 34

Zugvögelschauen am Öresund

Millionen von Vögeln machen jedes Jahr halt auf *Falsterbo* im südwestlichsten Zipfel Schwedens, viele andere überfliegen die Landzunge. Dieses einzigartige – und ganz kostenlose – Schauspiel sollten Sie nicht verpassen. Die Vogelwarte hält Infos bereit (Foto) → S. 54

Zeitreise nach Alt-Linköping

Dort, wo sich um 1600 der Kampf zwischen schwedischen Protestanten und Katholiken entschied, steht heute das älteste Museumsdorf des Königreichs: *Gamla Linköping*. Der Eintritt ist frei und auch viele der angebotenen Aktivitäten sind kostenlos → S. 74

Mit dem Straßenbahnticket in die Schären

Wer in Göteborg ein Straßenbahnticket hat, kann damit auf die Schäreninseln Bränno, Styrsö oder Vrångo fahren, ohne extra dafür zu bezahlen. Nehmen Sie ein Picknick mit und genießen Sie den Ausflug auf die fast autofreien Inselchen! → S. 60

18 Museen for free

Alle – egal, ob arm oder reich – sollen Zugang zu Kultur haben, fand die rot-grüne Regierung und führte 2016 den freien Eintritt in 18 staatlichen Museen ein. Mit dabei ist das spannende Marinemuseum in Karlskrona → S. 43, 48

Längste Kunstgalerie

Die meisten der mehr als 100 Stockholmer U-Bahnstationen sind mit Kunst verziert oder selbst unterirdische Kunstwerke. Machen Sie eine Entdeckungstour in die Unterwelt und schauen Sie sich die Kunstwerke an – Sie brauchen nur ein U-Bahn-Ticket. Im Sommer gibt es auch Führungen auf Englisch → S. 43

Diese Punkte zeichnen in den folgenden Kapiteln die Best-of-Hinweise aus

TYPISCH SCHWEDEN
Das erleben Sie nur hier

Super Buffet
Beim schwedischen *smörgåsbord* handelt es sich um ein Buffet: von Hering und Lachs über Fleischklößchen und Rentierbraten bis hin zu Moltebeersorbets und Holundersaft. Eine Kostprobe bekommen Sie im *Sollidens Matsal* des Freilichtmuseums Skansen → S. 36

Stockholms Lustgarten
Djurgården (Tiergarten) heißt die Insel im Zentrum Stockholms, die dem König als privates Jagdrevier diente. Heute beherbergt sie Vergnügungsparks und ein Freilichtmuseum, das auf wenig Raum viel Schweden vermittelt → S. 34, 120

Naturzauber
Erst wandern Sie bergauf durch einen Märchenwald, dann liegt Ihnen das Meer zu Füßen. Der Nationalpark *Skuleskogen* an der Höga Kusten verzaubert → S. 85

Zeitmaschine
Die Altstadt von *Visby* bietet nicht nur während der *Mittelaltertage* (Foto) im August Einblicke in vergangene Zeiten. Hier lebt das Mittelalter bis heute weiter, auf Plätzen, in Restaurants und Museen → S. 47

Kanufahren in Dalsland
Auf dem weitverzweigten Wasser- und Kanalsystem des *Dalslandkanals* erleben Besucher ein Bilderbuchschweden mit kleinen roten Häuschen, offenen Feldern und tiefen Wäldern. Für Abwechslung sorgen Schleusen und Kanalcafés → S. 70

Rot aus Falun
Aus kupferhaltigem Untergrund wird in der *Fabrik Rödfärgsverket* in Falun jener Farbstoff gewonnen, mit dem in ganz Schweden die Häuschen rot angestrichen werden → S. 82

Alles aus Eis
So was gibt's nur im Norden: Blankes Fluss-Eis wird in Schweden seit einigen Jahren für den Bau von Hotels, Kirchen, Bars und Restaurants eingesetzt. Damit entstehen immer wieder neue, wenn auch vergängliche Sehenswürdigkeiten, etwa im *Ishotellet* in Jukkasjärvi → S. 94

TYPISCH

BEST OF ...

SCHÖN, AUCH WENN ES REGNET

Aktivitäten, die Laune machen

REGEN

● *Auf den Spuren des Ungeheuers*

Im jämtländischen Storsjö soll die schwedische „Nessie" zu Hause sein. Das Seeungeheuer liebt dunkle Wolken, deshalb lohnt sich eine *Fahrt mit der S/S Östersund*, Schwedens ältestem Raddampfer, bei schlechtem Wetter besonders → S. 88

● *Zu Hause bei Carl Larsson*

Im idyllischen Sundborn liegt der *Sommersitz des Malers Carl Larsson*. Jedes Detail hier wurde von ihm entworfen und gestaltet. Begeben Sie sich auf Entdeckungsreise → S. 83

● *Schienen-Ausflug mit der Lenna-Katze*

Am neuen Hauptbahnhof von Uppsala starten im Sommer die Schienenbusse und Dampfzüge der *Lennakattenbahn*. Auf der gemächlichen Tour durch Roslagen erleben Sie Landschaften und Ortschaften auch bei Regen trockenen Fußes → S. 78

● *Smaklig Måltid (Guten Appetit)*

Die kulinarischen Vorzüge des ganzen Landes waren das Thema des schwedischen Pavillons bei der Weltausstellung in Sevilla vor über zwei Jahrzehnten. Jetzt steht das *Måltidens Hus* in Grythyttan und lässt Besuchern das Wasser im Mund zusammenlaufen → S. 74

● *Tucholsky lässt grüßen*

Im *Schloss Gripsholm* am Mälarensee schrieb Kurt Tucholsky einst seine Hommage an die Exilheimat. Das Schloss erreichen Sie im Sommer bequem von Stockholm per Schiff – bei jedem Wetter! → S. 43

● *Stockholms Einkaufsmeilen*

Im Zentrum der Hauptstadt sind die Kaufhäuser, Buchhandlungen, Boutiquen und Antiquariate rund um den *Sergels Platz* praktischerweise mit unterirdischen Durchgängen oder überdachten Fußgängerbrücken verbunden (Foto) → S. 38

ENTSPANNT ZURÜCKLEHNEN

Durchatmen, genießen und verwöhnen lassen

ENTSPANNT

Einsame Inseln

Auf den mehr als 25 000 Inseln um Stockholm herum findet sich für jeden ein ruhiges Plätzchen. Etwa auf Finnhamn oder Blidö. Die *Stockholmer Schären-Stiftung* hilft, die einsame Insel zu finden (Foto) → S. 43

Relaxen in Tylösand

An einem der beliebtesten Strände Schwedens bietet das *Tylösand Spa-Hotel* Erholungssuchenden nicht nur ruhige Zimmer mit Seesicht, sondern auch etliche Spa- und Massageangebote → S. 64

Hagabadet

In der Römischen Therme der Göteborger Wellnessoase *Hagabadet* haben Gäste einzeln oder in kleinen Gruppen einen Privatpool zur Verfügung und bekommen Mahlzeiten und Getränke serviert → S. 60

Ausspannen in Schwedens nördlichsten Schären

Viel weniger bekannt als der Schärengarten Stockholms ist der von Luleå, gleich unterhalb des Polarkreises. Hier warten unzählige Hütten auf stillen Inseln sommers wie winters auf ruhesuchende Gäste → S. 96

Pudelwohl am Orsasee

Entspannend sind im Norden der Provinz Dalarna die Landschaft, die wenigen Menschen und das wunderbare Licht. Und das Gästehaus *Smidgården* bietet gesundes Essen und Kuren an → S. 84

Gemächliche Inlandbahn

Stellen Sie sich vor, Sie zuckeln in einem Zug gemächlich durch Schwedens Mitte. Sie kommen an einem wunderschönen See vorbei, wünschen sich einen kurzen Badehalt und: Prompt geht Ihr Wunsch in Erfüllung → S. 98

Schwimmen im Jugendstilambiente

Ganz egal, ob Sie meditieren, schwimmen oder sonnenbaden wollen – das *Centralbadet* in einem Jugendstilpalast, versteckt mitten im Zentrum Stockholms, bietet Entspannung pur plus Öko-Essen im angeschlossenen Restaurant → S. 38

AUFTAKT

ENTDECKEN SIE SCHWEDEN!

Viele Besucherinnen und Besucher kennen Schweden aus ihrer Kindheit: als das Land von Michel, Nils Holgersson und Pippi Langstrumpf. Wer hat damals nicht Astrid Lindgrens Romane von Pippi und ihren Freunden Annika und Thommy gelesen oder in den Geschichten von Michel geschmökert, der in Schweden übrigens Emil heißt? Ähnlich bekannt ist Selma Lagerlöfs Erzählung vom kleinen Nils Holgersson und seiner Reise mit den Wildgänsen. Doch nicht nur Kinder, auch krimiinteressierte Erwachsene haben beim Lesen die Bekanntschaft mit Schweden gemacht – von Autoren wie Henning Mankell, Stieg Larsson oder Liza Marklund bekommen sie düstere Szenerien und schwere Verbrechen serviert.

Bullerbü und Lisbeth Salander! Es sind solche Kontraste, die das fast 2000 km lange Land zwischen Öresund und Nordfinnland ausmachen. Und bei aller Schwermut und Melancholie, wie sie nicht zuletzt der 2007 verstorbene Meisterregisseur Ingmar Bergman in seinen preisgekrönten Filmen erfasst hat, gelten die Schweden als offen, freundlich und lebensfroh. Wenig belastet von der jüngeren Geschichte verbindet Schweden das Beste von gestern mit dem Besten von morgen: Intakte Landschaften, ***gemütliche Kleinstädte, unberührte Gewässer, endlose Wälder***

Bild: Bauernhof bei Sunne, Värmland

treffen auf ***Hightech, innovative Kulturschaffende***, eine erstklassige Infrastruktur und ***aufgeschlossene Menschen***. So nehmen am jährlichen Pride-Festival der Schwulen und Lesben in Stockholm gern auch Kirchenvertreter und konservative Politiker teil, und ein Vaterschaftsurlaub gehört sogar in den höchsten Chefetagen der Wallenberg-Sphäre zum guten Ton. Erstaunlich auch, dass sich im Land der Gleichheit mit seiner langen sozialdemokratischen Tradition die Köngisfamilie, allen voran Kronprinzessin Victoria, unglaublicher Popularität erfreut.

Schweden in all seinen Facetten kennenlernen heißt, das Land in seiner ganzen Länge zu besuchen, vom Südzipfel – etwa Mankell-Kommissar Kurt Wallanders Heimat Ystad – bis hinauf zu den rentierzüchtenden Sami von Karesuando an der Grenze zu Finnland. Auf einer Fläche von 447 420 km² leben gut zehn Mio. Menschen – es ist also viel Platz für ***unberührte Natur***, in der Tiere wie Elche und Rentiere zu Hause sind. Seit 1909 stehen Teile der insgesamt 21 schwedischen Provinzen unter Schutz. So entstanden die ersten Nationalparks Europas. Die meisten sind von Wanderwegen durchzogen, wie dem rund 500 km langen Kungsleden, der vom Abisko-Nationalpark bis Südlappland führt. Es gibt viele Gründe, das Land zu lieben. Manche schätzen insbesondere die Werte der schwedischen Gesellschaft, die an einem ***Gleichheitsideal*** festhält, das andere Nationen längst aufgegeben haben. Andere preisen vor allem die landschaftlichen Vorzüge. Besonders ***Aktivurlauber*** fühlen sich in Schweden wohl. In den Weiten der nördlichen Fjälle können Naturbegeisterte ***tagelange Skitouren oder Wanderungen*** unternehmen,

Wo Elche und Rentiere zu Hause sind

Um 12 000 v. Chr.–6000 v. Chr. Die Eiszeit endet. Das Land wird besiedelt

1500 v. Chr. Bronzezeit. Felszeichnungen entstehen

800–1000 n. Chr. Wikingerzeit. Schweden ziehen bis zum Schwarzen Meer

1000–1350 Das in Provinzen zersplitterte Land wird zum Königreich geeint, Christianisierung

1300–1600 Hansezeit mit blühendem Ostseehandel. Visby auf Gotland wird eine der wichtigsten Städte

Kaum zeigt sich die Sonne, strömen die Schweden hinaus – in die Natur oder ins Café nebenan

die vielen Flüsse des Landes ziehen Kanufahrer an. Wer es entspannter mag, geht in den dichten Wäldern spazieren oder sammelt Pilze und Beeren. Während die weiten Felder des südlichen Schonen (Skåne) an Norddeutschland und Dänemark erinnern, gleichen große Teile Lapplands im äußersten Norden Schwedens einer Steppe. Dazwischen liegt ein knappes Dutzend traumhafter Landschaften, die alle ihren eigenen Reiz haben. In der Hauptstadt ***Stockholm*** sind nicht nur viele historische Bauten wie das Schloss und die Altstadt sehenswert, Sie können auch etliche Museen und Galerien besuchen. Selbst Naturliebhaber kommen auf ihre Kosten – in einem der vielen Parks oder in den Schären vor den Toren der Metropole, wo mehr als 20 000 Inseln darauf warten, entdeckt zu werden, ob mit dem Kajak, dem Segelboot oder einem Ausflugsschiff.

Nicht nur die Landschaften, auch die Bewohner verändern sich auffallend im Wechsel der ***Jahreszeiten***. Die Unterschiede zwischen Sommer und Winter sind in Schweden

1630–1721
Schweden wird Großmacht. Finnland und Teile des heutigen Deutschlands und Baltikums gehören ebenfalls zum Königreich

1810
Der französische Marschall Jean Baptiste Bernadotte wird schwedischer König. Er zwingt Norwegen 1814 zur Union mit Schweden (bis 1905)

1932
Erste sozialdemokratische Regierung, Aufbau des Wohlfahrtsstaates

1939–45
Zweiter Weltkrieg: Schweden ist neutral, verdient aber, z. B. durch Stahllieferungen nach Deutschland

wegen der nördlichen Lage viel ausgeprägter als in Mitteleuropa. Der extreme Wetterwechsel beeinflusst das Gemüt. Im Winter sind die Schweden am liebsten zu Hause. Sobald sich aber im Frühjahr die Sonne zeigt, strömt alles in die Parks und Fußgängerzonen. Dort, wo noch Schnee und Eis liegen, schnallen die Menschen ***Schlittschuhe und Langlaufskier*** an und begeben sich auf Touren durch die Natur. In den Sommermonaten leben die Schweden ihre Begeisterung für das *friluftsliv*, das Freiluftleben, aus. Dann verbringen sie so viel Zeit wie möglich an der frischen Luft. Gut, dass es auch mitten in den Städten jede Menge Strände und Parks gibt, sodass nirgendwo Gedränge herrscht. Lediglich an *midsommar* (Mittsommernacht) im Juni, dem wichtigsten Feiertag des Jahres, kann es schon mal voller werden. Ansonsten gehen die Schweden ungern auf Tuchfühlung. Nicht nur am Strand schätzen sie es, genügend Abstand zum Nachbarn zu haben. Die ***stuga – das kleine, zumeist hölzerne Ferienhäuschen*** – ist in ihren Augen erst dann perfekt gelegen, wenn das Nachbarhaus außer Sicht- und Hörweite ist.

Auch in den Städten gibt es jede Menge Parks und Strände

Der schwedische ***Hang zur Distanziertheit*** zeigt sich auch politisch. Der EU, der das Land 1995 beigetreten ist, steht die Bevölkerung skeptisch gegenüber, die Einführung des Euro haben die Schweden 2003 in einem Referendum abgelehnt. Zwar duzen sich in dem stark sozialdemokratisch geprägten Land alle, die Menschen sind außerdem gastfreundlich und äußerst hilfsbereit, aber bevor Sie in einer Kneipe oder beim Hotelfrühstück ein ausführliches Gespräch mit einem Unbekannten anfangen, sollten Sie sich das lieber dreimal überlegen. Fremde, die sich lautstark aufführen und diskutieren, machen sich schnell unbeliebt. In Schweden gilt das ***Prinzip des lagom***, ein unübersetzbares Wort, das im Grunde genommen besagt, dass es stets die beste Lösung ist, nicht aufzufallen. Schweden scheuen Konfrontationen. Und sie mögen es auch gar nicht, wenn jemand seinen Reichtum zur Schau trägt oder die anderen spüren lässt, dass er sich für etwas Besseres hält. Das mag eine Folge der jahrzehntelangen Herrschaft der ***Sozialdemokraten*** oder vielleicht der bürgerlichen Wurzeln des Königshauses Bernadotte sein. Oder aber auf den jahrhundertelang herrschenden ***Protestantismus*** zurückgehen, der bis 2000 Staatsreligion war. Krisen und Hungersnöte jedenfalls machten die Schweden zu einer verschworenen Gemeinschaft gegen alles Böse: Bis heute darf nur der Staat Alkohol verkaufen,

1973 Carl XVI. Gustaf wird König, 1976 heiratet er die Deutsche Silvia Sommerlath

1995 Beitritt zur Europäischen Union

2010 Kronprinzessin Victoria heiratet Daniel Westling

2014 Die bürgerliche Vier-Parteien-Koalition wird von einer rot-grünen Minderheitsregierung abgelöst, geführt von Stefan Löfven

2017 Die Bevölkerung Schwedens durchbricht erstmals in der Geschichte des Landes die 10-Millionen-Marke

Der *midsommar* wird ordentlich gefeiert – hier im Stockholmer Freilichtmuseum Skansen

sind weiche Drogen und Prostitution verboten – und sehen viele Schweden ihr Heimatland als eine Art moralische Weltmacht an.

Außer den Politikern des Landes sind auch die Bürger davon überzeugt, dass die Welt eine bessere wäre, würden sich alle nach schwedischen Idealen richten. Das heißt vor allem soziale Wohlfahrt für alle und militärische Zurückhaltung in internationalen Krisensituationen. Personifizierter Ausdruck dieser Politik war der sozialdemokratische Ministerpräsident **Olof Palme**, der 1986 ermordet wurde. Palme war ohne Leibwächter unterwegs, ebenso wie die Politikerin Anna Lindh, die 2003 in einem Stockholmer Kaufhaus Opfer eines Attentats wurde. Seither leidet der direkte Kontakt zwischen Wählern und Gewählten unter immer strengeren Sicherheitsauflagen. Offene Rathaustüren und Ministerbesuche ohne Polizeischutz gehören leider zur Seltenheit. Trotzdem liegt den Schweden bis heute jeder Personenkult fern. Zwar ist man stolz auf Landsleute wie die Krimiautorin Liza Marklund, Fußball-Superstar Zlatan Ibrahimovic, Olympiasiegerin Charlotte Kalla oder die Musiker Agnetha, Benny, Björn und Anni-Frid, besser bekannt als Abba. Daheim werden solche Prominenten als normale Bürger betrachtet, nach denen sich auf der Straße kaum jemand umdreht.

Personenkult liegt den Schweden fern

Während viele Industrielle wie der Tetra-Pak-Gründer Hans Rausing ihr Land wegen der hohen Steuern verlassen haben, zieht die Prominenz aus Film, Kultur und Sport allenfalls zwischenzeitlich aus ihrem Heimatland weg. Wer einmal in Schweden Urlaub gemacht hat, der weiß, wieso es einen immer wieder hierherzieht.

IM TREND

1 Ausnahmsweise offline

Spielen Die hyperdigitalisierten Schweden entdecken Gesellschaftsspiele neu. Offline und im Real Life treffen sich Spielefans. Sehr beliebt: kooperative Brettspiele wie Pandemie und Escape-Room-Spiele. Im *Dice cafe (Polhemsgatan 21, Stockholm, dicecafesthlm.se)* finden Sie mehr als 100 Spiele. Die Besitzer von *Dragon's Lair (Kungsholmstorg 8, Stockholm, www.dragonslair.se)* laden nicht nur in den Keller ihres Ladens, sondern besuchen auch Krankenhäuser, Schulen und Altersheime, um die Spielkultur zu verbreiten. Besonders trendig: Im *Fika med knuff (fikamedknuff.se)* in Höganäs gibt's zum Brettspiel glutenfreie Speisen.

2 Ursprünglich

Gastro Die Küchenchefs setzen verstärkt auf Klassiker aus Wäldern und Wiesen – ohne dabei Hausmannskost zuzubereiten. Lassen Sie sich das Moltebeerendessert im *Edsbacka Bistro (Sollentunavägen 223, Sollentuna, www.bistroedsbacka.se)* nicht entgehen, oder probieren Sie sich durch Wild und Heringe, Pilze und Beeren im *Salt&Sill (Klädesholmen, Tjörn, www.saltosill.se)*! Noch mehr Köche der New Swedish Cuisine kennt der *White Guide (www.whiteguide.se)*.

3 Nachhaltig shoppen

Second Hand Wer trendmäßig etwas auf sich hält, kauft umwelt- und ressourcenschonend im Second-Hand-Laden. Die Kette Myrorna *(www.myrorna.se/hitta-butik)* und die NGO Emmaus *(short.travel/22)* sind am größten. Wenn Sie im Sommer auf dem Land unterwegs sind: Halten Sie Ausschau nach „*loppis*"-Schildern! Die führen nämlich zu privaten Flohmärkten (*loppa* = Floh).

In Schweden gibt es viel Neues zu entdecken. Das Spannendste auf diesen Seiten

Mikro – ganz groß!

4

Mini-Brauereien Nein, einzigartig sind die Schweden damit nicht. Doch dass Craft Beer auch hier boomt, ist bemerkenswert in einem Land, in dem es Anfang der 90er-Jahre gerade mal 20 Brauereien gab. Heute sind es ungefähr 300, die meisten von ihnen Mikrobrauereien. Besonders beliebt ist IPA, das leicht bittere Indian Pale Ale. Dabei setzt man gerne auf fruchtige Noten wie Schwarze Johannisbeere und Passionsfrucht oder Kräuter wie Kerbel und Estragon. Stöbern Sie einfach mal in den Bierregalen der staatlichen Alkoholläden *Systembolaget (short.travel/swe23)*. Oder probieren Sie *Omnipollos Hatt (Hökensgata 1 A, Stockholm)* und den Sommer-Pub in *Oppigårds Bryggeri (www.oppigards.com)* in Hedemora.

Zurück zu den Wurzeln

5

Ureinwohner Jahrhundertelang unterdrückt (s. Kasten S. 96) erlebt die samische Kultur eine Renaissance. Junge Sami zeigen Selbstbewusstsein und kombinieren Tradition mit Moderne. Jon Henrik Fjällgren sang sich mit einem *jojk*, dem klassischen Gesang der Samen, bei der nationalen Ausscheidung zum Eurovision Song Contest 2015 auf Platz 2. Maxida Märak verbindet *jojk* und Hiphop. Samische Künstler beleben uraltes Handwerk. Sie schnitzen Messer und Schalen aus Birke und Rentierhorn, fertigen wunderschöne Armbänder aus Zinndraht und Spitzenstiefel aus Elchleder. Zu kaufen gibt es all dies u. a. auf dem Wintermarkt in Jokkmokk, wo Sie sich als Besucher auch im Rentierrennen versuchen können (Foto), und im *Samenmuseum Ájtte* (s. S. 95) sowie in vielen Shops *(www.southlapland.com/lokalproducerat; www.arcticshop.se)*.

FAKTEN, MENSCHEN & NEWS

DIE SACHE MIT DEM ELCH

Sie sind der Touristen liebstes Tier, doch die Schweden selbst stehen mitunter etwas ratlos vor dem Hype, den Elche bei ausländischen Besuchern auslösen. Viele Einheimische mögen Elche vor allem vor der Flinte und auf dem Teller. In Schweden, so heißt es, gibt es vier große Feiertage: Weihnachten, Ostern, Mittsommer und Elchjagd. Gut ein Viertel der insgesamt 350 000 Elche lassen bei der alljährlichen Jagdsaison ihre Leben. Dennoch – oder gerade deswegen – muss man sich um ihren Fortbestand keine Sorgen machen. Die Elchpopulation in Schweden ist gesund. Das große Problem für Elchfanatiker ist allerdings, dass sich die Tiere in freier Wildbahn nur selten zeigen. Bejahen Sie daher Ihren inneren Touristen und besuchen Sie einen der 30 Elchparks. Es lohnt sich. Der „König des Waldes" ist tatsächlich etwas ganz Besonderes (Liste der Elchparks, natürlich auch auf Deutsch: *short.travel/swe24*).

CASH IST OUT

Schweden ist auf dem Weg zur bargeldlosen Gesellschaft. Kaugummi im Supermarkt, Coffee to go – selbst Kleinstbeträge bezahlen die Schweden und Schwedinnen mit Karte. Viele Restaurants, Läden und Hotels akzeptieren kein Bargeld mehr. Auch „Swish" ist in. Mithilfe dieser Bezahl-App lässt sich Geld per Smartphone schnell und kostenlos überweisen. Straßenmusikanten,

 Bild: Elche

Das ist Schweden. Von Elchen und Musikern, Kaffee und Wein, Monarchie und Gleichheit, Bezahl-Apps und coolen Unternehmen

Flohmarkthändler und Spendensammler haben sich angepasst. Selbst die Kollekte in der Kirche lässt sich mittlerweile „swishen". Bedenken von wegen „gläserner Bürger" oder „Überwachungsstaat" sind den Schweden fremd (s. Personnummer S. 25). Dumm nur, wenn – was in regelmäßigen Abständen geschieht – die Computersysteme der Banken oder die Kartenterminals ausfallen. Dann geht nichts mehr. Deshalb haben viele Schweden doch noch eine kleine Reserve an Bargeld im Haus. Die Kronenscheine sind zwar retro, aber hübsch: Auf den Geldnoten, die die Schwedische Zentralbank 2015 herausgab, sind u. a. Astrid Lindgren, Greta Garbo und Ingmar Bergman zu sehen.

GLEICHER GEHT'S NICHT

Gleichheit ist einer der Grundpfeiler der schwedischen Gesellschaft. Das gilt nicht nur für die Gleichberechtigung von Mann und Frau, sondern auch für die Gleichbehandlung aller Menschen

– unabhängig von Geschlecht, Religion und Herkunft. Pride, der Kampfbegriff der Lesben, Schwulen, Bisexuellen und Transgenderpersonen, schaffte in Schweden früh seinen Durchbruch. Das jährliche Pride-Festival in Stockholm gehört zu den größten seiner Art. Speziell für die Schwulenbewegung sind auch die jährlichen nationalen Auswahlwettbewerbe für den Eurovision Song Contest ein Höhepunkt. Was die Religion anbelangt, so sind – zumindest auf dem Papier – mehr als zwei Drittel der Schweden Protestanten. Im Alltag spielt der Glaube jedoch eine geringe Rolle, Schweden gilt als eines der am wenigsten religiösen Länder der Welt. Ein Vorreiter war und ist das Land hingegen in Sachen Gleichberechtigung von Mann und Frau. Schweden hat eine der höchsten Frauenerwerbstätigkeitsquoten der Welt. In der Regel arbeiten Frauen Vollzeit. Großzügiger Elternurlaub, eine Krippenplatzgarantie, Ganztagskindergärten und -schulen sorgen gleichzeitig für eine der höchsten Geburtenraten in der EU.

ZUTRITT ERLAUBT!

Prinzipiell darf sich in Schweden jeder frei in der Natur bewegen, auch auf Privatgrundstücken. Das regelt das sogenannte *allemansrätten* (Jedermannsrecht). Gerade wegen dieser Freiheit ist es wichtig, sich an die wenigen Einschränkungen zu halten, um die Natur zu bewahren. Lagerfeuer etwa sind im Wald (Brandgefahr) und auf Felsen (Bruchgefahr) verboten. Das Pflücken geschützter Pflanzen ist ebenso untersagt wie das Fällen von Bäumen. Schilder mit dem Hinweis „Betreten verboten" sind selten, sollten aber unbedingt beachtet werden. Es empfiehlt sich, das Jedermannsrecht zu studieren *(short.travel/swe13),* bevor es in die Natur geht. Dort steht nicht nur, was erlaubt ist und was nicht, die Bestimmungen sind auch ein Stück Kulturerbe, das viel über das Selbstverständnis der Schweden aussagt.

SILVIA UND CO.

Eigentlich ist es erstaunlich, dass ein Land, in dem der Gleichheitsgedan-

Königliches Quartier: Schloss Drottningholms Erbauer nahmen sich Versailles zum Vorbild

ke eine so große Rolle spielt, an der Monarchie festhält. Doch Fakt ist: Das schwedische Königshaus erfreut sich großer Beliebtheit. Weitestgehend skandalfrei (auch wenn über mögliche Affären Carl Gustafs so einiges gemunkelt wurde) leben die Bernadottes vor sich hin und repräsentieren Schweden erfolgreich im Ausland. Politische Macht hat der König als staatliches Oberhaupt nicht mehr, doch der PR-Effekt der königlichen Familie ist enorm.

Außerdem gelingt es Silvia und Co. erfolgreich, altmodischen Prunk und Volksnähe zu vereinen. Geschickt vermischen sie auch Tradition und Moderne und führten z. B. die weibliche Thronfolge ein. So wird die überaus beliebte Victoria einmal ihren Vater beerben. Sie und ihre Geschwister Madeleine und Carl Philip erfreuen außerdem das Volk immer wieder mit Bildern von prachtvollen Familienfeierlichkeiten: Hochzeiten, Geburtstagen und Taufen. Sieben Enkelkinder haben Carl Gustaf und Silvia mittlerweile.

ALKOHOLMONOPOL

Schnell mal ein Bier oder einen Wein im Supermarkt kaufen, das können Sie in Schweden vergessen. Nach wie vor hat der schwedische Staat ein Alkoholmonopol. Das hatte man sich beim Eintritt in die EU 1995 ausdrücklich zusichern lassen. „Richtiges" Bier, Wein und andere Spirituosen können Sie lediglich in einer der mehr als 430 staatlichen *Systembolaget*-Filialen kaufen. Dort sind die Öffnungszeiten für schwedische Verhältnisse sehr beschränkt, die Altersgrenze liegt bei 20 Jahren, und die Getränke sind teuer, weil hoch besteuert. All das ist Absicht. Alkohol soll schwer zugänglich sein und viel kosten, um Alkoholismusprobleme besser in den Griff zu bekommen. Und auch wenn trinkende Schweden im Ausland und Hamsterkäufer auf den Ostseefähren einen anderen Eindruck hinterlassen, die Forschung gibt der Regierung recht: Im Durchschnitt trinken die Schweden deutlich weniger als z. B. Deutsche, Österreicher und Schweizer.

HELDIN DER KINDER

Heute vergisst man gern, wie revolutionär Astrid Lindgren einst war. Doch nirgendwo in der Kinderliteratur gab es vor ihr Figuren wie Pippi Langstrumpf. Frech, stark und kämpferisch, zudem noch weiblichen Geschlechts. Lindgren hat Kinder ernst genommen. Das war ihr großes Geheimnis. Einerseits schilderte sie die Idylle im ländlichen Bullerbü. Andererseits schrieb sie über große Fragen wie den Tod z. B. in „Die Brüder Löwenherz". Die weltberühmte Schriftstellerin engagierte sich auch gesellschaftspolitisch, kämpfte gegen hohe Steuern und Atomkraft, für Kinder- und Tierrechte. „Ich bin die Beichtmutter der Nation", sagte sie einmal und war darüber nicht nur glücklich. Der privaten Astrid Lindgren, deren Leben keineswegs immer idyllisch war, kann man bei einem Besuch in ihrer Stockholmer Wohnung näher kommen *(www.astrid lindgrenshem.se)*.

COOL & INNOVATIV

So gern sich die Schweden per Internet die Welt nach Hause holen, so beliebt sind schwedische Markenprodukte im Ausland. Das beginnt beim einst als „verrückt" geltenden Möbelhaus aus Småland, Ikea, und hört bei den allseits beliebten Kleidern des Herstellers Hennes & Mauritz noch längst nicht auf. Legendär sind auch die beiden mittlerweile in chinesischen Händen befindlichen Autohersteller Volvo und Saab oder der Gartengerätehersteller Husqvarna. Eine Kombination aus reichlich vorhandenen Rohstoffen, einem exzellenten Bildungssystem und unkonventionellen Köpfen haben dazu beigetragen, dass „Made in Sweden" für eine besondere Mischung aus Qualität und Innovation steht. Dazu gehören seit einigen Jahren auch Modemarken wie Acne, COS, Filippa K, Fjällräven, Tiger of Sweden und Whyred. Und nicht zu vergessen: Auch Skype und der Spieleentwickler King mit dem Bestseller Candy Crush kommen aus Schweden.

DER NOBLE PREIS

Neben Astrid Lindgren und Ingmar Bergman ist Alfred Nobel (1833–1896) sicherlich der berühmteste Schwede. Zu Lebzeiten kam er als Erfinder und Industrieller zu Vermögen und Ansehen. Seine bekannteste Erfindung ist das Dynamit, das die moderne schwedische Waffenindustrie begründet hat. Nobel verstand seine Entwicklung als Beitrag zur Sicherung des Weltfriedens. Weltweit berühmt wurde er als Stifter der nach ihm benannten Nobelpreise. Seit 1901 werden alljährlich die „größten Leistungen für die Menschheit" auf den Gebieten der Literatur, der Medizin oder Physiologie, der Biologie, der Chemie und der Friedenssicherung mit je 10 Mio. Schwe-

Auf dem Marktplatz in Vimmerby schreibt sie noch immer: Astrid Lindgren

dischen Kronen (ca. 1,1 Mio. Euro) bedacht. Dass der Friedensnobelpreis als einziger Preis nicht in Stockholm, sondern in Oslo verliehen wird, hängt damit zusammen, dass Norwegen damals noch zur schwedischen Krone gehörte und Alfred Nobel die republikanisch gesinnten Norweger politisch unterstützen wollte.

DATENSCHUTZ ADE

Ohne die *personnummer* ist man in Schweden ein Niemand. Die zehnstellige Zahl, die sich aus dem Geburtsdatum sowie vier weiteren Ziffern zusammensetzt, wird benötigt, um ein Konto zu eröffnen, mit der Kreditkarte einzukaufen oder einen Handyvertrag abzuschließen. Datenschutz wird in Schweden kleingeschrieben: Wer Name und Adresse einer Person kennt, kann deren *personnummer* erfragen und damit z. B. deren Steuerzahlungen abfragen. Wer als Tourist eine *personnummer* anzugeben hat (z. B. beim Mieten eines Autos), kann sich manchmal mit der Angabe des Geburtsdatums (Jahr/Monat/Tag) behelfen und die letzten vier Ziffern mit „xxxx" ausfüllen.

KOFFEINSUCHT

Die Schweden sind Vize-Weltmeister im Kaffeetrinken, nur die Finnen konsumieren mehr. Kaffee geht immer – morgens, mittags, abends, aber auch spät nachts. Und die Kaffeepause hat ihren eigenen Namen: *fika* – mit langem i! Am liebsten trinken die Schweden Filterkaffee, und den gern stark. Nach Espresso oder Cappuccino suchen Sie auf dem Land oft vergeblich. In den Städten hingegen boomen Kaffeebars. Vom Soja-Cafe-Latte bis zum Tiramisu-Coffee-Shake finden Sie alles. Trendsetter war die 1996 gegründete schwedische Kette Espresso House *(espressohouse.com)*, die sich inzwischen jedoch in deutschen Händen befindet.

DAS SCHWEDISCHE MUSIKWUNDER

Mit ABBA und ihrem Sieg beim Eurovision Song Contest 1974 fing es an. Doch seitdem hat das kleine Schweden mit seinen 10 Mio. Einwohnern nicht aufgehört, Weltstars zu produzieren. Roxette, Robyn, Swedish House Mafia, Avicii und jüngst Zara Larsson sind nur einige von ihnen. Was ist das Geheimnis dieses Erfolgs? Gute Musikschulen sind ein Grund. Singen ist zudem Volkssport im Land, und allgemein gelten die Schweden als *early adopters*, d. h. sie sind neuen Techniken und Trends gegenüber besonders aufgeschlossen. Weltklasse-Producer wie Max Martin und die Erkenntnis, dass Musik auch ein Business ist, kommen hinzu. Auch hier war ABBA übrigens ein Trendsetter. Ihren enormen Erfolg hatten die vier nicht zuletzt ihrem Manager Stikkan Anderson zu verdanken, der mit innovativen und cleveren Marketingstrategien erheblich zum Weltruhm der Band beitrug. Da verwundert es denn auch nicht, dass der Musikstreaming-Dienst Spotify ebenfalls aus Schweden kommt.

NICHT NUR EISWEIN

Dank gestiegenen Durchschnittstemperaturen und computergesteuerten Anbaumethoden haben viele südschwedische Bauern auf den Weinbau umgesattelt. Der Erfolg blieb nicht aus. In den staatlichen Monopolgeschäften *systembolaget* sind mittlerweile auch einheimische Produkte wie „Domaine Sånana" in den Regalen zu finden – und in der Provinz Skåne laden Produzenten zu Degustationsreisen entlang des über 100 km langen *„Vinvägen"* (Weinstraße) ein. Der Direktverkauf im Weingut ist aber verboten. Wer nicht den Umweg über ein *systembolaget* (s. S. 23) machen will, kann die schwedischen Lieblingstropfen aber auch im Internet bestellen.

ESSEN & TRINKEN

Das raue Klima und die lange Zeit hohe Bedeutung von Landwirtschaft und Fischfang haben Schwedens Esskultur nachhaltig geprägt. Die traditionellen Gerichte sind simpel, der Variantenreichtum ist beschränkt. Weil die klassischen schwedischen Zutaten wie Kartoffeln, Fisch, Fleisch und Pilze von hoher Qualität sind, gibt es in Schweden dennoch jede Menge gut schmeckender Gerichte.

Einige schwedische Köche gehören gar weltweit zu den Besten ihrer Zunft. In den vergangenen Jahren haben sie gleich mehrfach einen der vordersten Plätze bei den internationalen Kochweltmeisterschaften belegt. Der Erfolg schlägt sich vor allem in der ***Stockholmer Restaurantszene*** nieder. In der Hauptstadt gibt es eine Handvoll Häuser, die mit mindestens einem Michelinstern ausgezeichnet worden sind. Natürlich sind dort auch die Preise entsprechend. Eine preiswertere Alternative ist das Tagesgericht *dagens rätt*, das viele Gaststätten anbieten. Es kostet rund 12 Euro inkl. Salat, Brot und Kaffee. Vom Kaffee können Sie sich übrigens beliebig oft und viel nachschenken. Dieser Gratisservice heißt auf Schwedisch *påtår* (= noch ein Schluck). Er gilt allerdings nicht für die modernen Kaffeevarianten wie Espresso, Latte macchiato oder Cappuccino.

Zur schwedischen Esskultur gehören auch die *gatukök* genannten ***Straßenküchen***. Die dort servierten Hot Dogs und Würstchen mit Kartoffelbrei sind sicher nicht jedermanns Sache, doch

 Bild: Köttbullar

Köttbullar, Krebse und Knäckebrot – die schwedische Küche überzeugt mit guten Produkten und einfachen Gerichten

wer nicht wenigstens einmal an einer dieser Imbissbuden gegessen hat, hat nicht die komplette schwedische Küche kennengelernt.

Gefragt nach ihrem **Lieblingsessen**, lautet die Standardantwort vieler Schweden *husmanskost.* Diese traditionellen Gerichte unterscheiden sich von Region zu Region. Oft gehört Hering dazu und die eine oder andere Art von *bullar,* Frikadellen aus Fisch *(fiskbullar)* oder Fleisch *(köttbullar).* Besonders die vielen Sorten *sill* – Hering, auf lauter unterschiedliche Arten angemacht – zeigen, dass auch aus wenigen Zutaten kreative Küche entstehen kann. Überhaupt wird **Fisch** viel häufiger serviert als in Kontinentaleuropa. Am beliebtesten ist neben Hering weiterhin Dorsch. Häufig stehen auch Rentier oder Elch auf der Speisekarte.

Viele der traditionellen Gerichte sind an eine bestimmte Jahreszeit gebunden. Im August lädt ganz Schweden zu *kräftskiva* ein, dem alljährlichen Flusskrebsessen.

Eine weitere Esstradition ist das *julbord,* ein **üppiges Buffet** mit Pasteten,

SPEZIALITÄTEN

älg – Elch, als gulaschartiger Eintopf *(älggryta)* oder Steak *(älgbiff)* serviert
filmjölk – dickflüssige Sauermilch. Pur oder mit Früchten und Müsli
fiskbullar – Fischfrikadellen, die es in Dosen im Supermarkt zu kaufen gibt
hjortronsylt – Marmelade aus Moltebeeren, erinnert farblich und geschmacklich am ehesten an Sanddorn
Kalles Kaviar – Fischeier aus der Tube, zum Teil mit Frischkäse gemischt. Wird einfach aufs Brot gestrichen
kanelbullar – Hefeteig-Zimtschnecken (Foto re.)
knäckebröd – das klassische schwedische Trockenbrot
köttbullar – Fleischklöße, die gerne mit Kartoffeln und Preiselbeermarmelade *(lingon)* gegessen werden
kräftor – Flusskrebse, mit reichlich Dill in Salzwasser gekocht. Im August werden sie beim traditionellen *kräftskiva* mit viel Schnaps verzehrt
lingon – Preiselbeeren, werden zu vielen Wildgerichten als Beilage serviert
lussekatter – Hefegebäck mit Safran, das traditionell in der Zeit vor Weihnachten gegessen wird
semla – Hefegebäck, gefüllt mit einer Marzipansahnemasse, wird gern auf heißer Milch serviert
sill – Hering. Eingelegte Filetstückchen (z. B. als *senapsill* in Senfsauce, mit Zwiebeln als *löksill* oder als *skärgårds-sill* mit Crème fraîche und Fischrogen, Foto li.) gibt es im Glas in jedem Supermarkt zu kaufen. Alle Sorten stehen an *midsommar* beim *sillbord* auf dem Tisch. Heringsfilets werden auch geräuchert oder gebraten serviert
surströmming – um ihn länger haltbar zu machen, wurde Hering früher gegoren. Daraus entstand eine zwar streng riechende, aber außergewöhnlich schmeckende Spezialität
tunnbröd – dünnes Brot, eine Art helles Knäckebrot aus Nordschweden. Es wird häufig zusammen mit *surströmming* gegessen

Käse, Fisch und Fleisch, das nur um die Weihnachtszeit herum aufgebaut wird. Während des restlichen Jahres wird zum *smörgåsbord* gebeten, einem Buffet mit ebenfalls jeder Menge schwedischer Zutaten: Hering, Lachs und anderer Fisch in diversen Varianten, Beeren und Pilze, Krabben, Schinken, Pasteten, Käse, frische Früchte und und und. Die Buffets gibt es auf Betriebs- oder Privatfeiern in Restaurants, oder sie werden daheim aufgebaut.

Zum Essen wird in Schweden tagsüber meist Limonade *(läsk)*, Milch *(mjölk)* oder Leichtbier *(lättöl)* getrunken, abends Bier mit normalem oder erhöhtem Alkoholgehalt *(öl* bzw. *starköl)* oder Wein *(vin)*. Getränke mit einem Alkoholgehalt von über 3,5 Prozent können nur in den staatlichen Systembolaget-Geschäften gekauft werden. Die haben zwar eingeschränkte Öffnungszeiten, dafür aber ein hervorragendes Angebot. Weil der **Alkohol** in Schweden viel Geld kostet, ist es vor allem bei jüngeren Leuten üblich, dass zu Partys und zu Abendessen jeder Gast seine Getränke selber mitbringt. Leitungswasser gibt es in den meisten Restaurants und Kneipen gratis. Es kann bedenkenlos getrunken werden. Nur rauchen dürfen Sie dort nicht. In allen Restaurants und Bars herrscht Rauchverbot.

Das **Frühstück** ist mit Brot und Marmelade oder Käse eher kontinental ausgerichtet, oft gibt es aber auch Sauermilch *(filmjölk)*. Das **Mittagessen** *(lunch)* wird bereits relativ früh ab 11.30 Uhr eingenommen. Auch das **Abendessen**, das in Schweden verwirrenderweise *middag* heißt, wird schon gegen 18 Uhr serviert. Als Beilage kommt stets Brot auf den Tisch, das meist mit Zimt gewürzt oder mit Sirup gesüßt wurde. Das berühmte Knäckebrot schmeckt hingegen vor allem nach Korn.

Die Schweden naschen gern. **Zum Tee und Kaffee** gibt es häufig Zimtschnecken *(kanelbullar)* oder Wienerbrot. In Kiosken und Supermärkten stapeln sich auf langen Regalen Bonbons, Weingummis und andere Süßigkeiten. Die sogenannten *godis* werden grammweise verkauft. Und damit sie nicht im Übermaß genossen werden, haben viele Familien einen *godisdag* eingeführt. Nur an diesem Wochentag bekommen die Kinder ihre heiß geliebten Süßigkeiten.

Egal ob Frühstück, Snack, Mittagessen oder Nachspeise – **Beeren** spielen eine wichtige Rolle. Besonders im Spätsommer lassen sich die Köstlichkeiten aus

Knäckebrot auf Schwedisch: mit Hering und Zwiebeln

Moltebeeren, Preiselbeeren oder Himbeeren genießen. Viele Schweden fahren in den letzten warmen Wochen an einen nur ihnen bekannten „Geheimort" in einem nahen Wald, um die Hausbestände an Blaubeeren wieder aufzufüllen. Während die teuren Moltebeeren vornehmlich bei Desserts zur Anwendung kommen, isst man die günstigeren Preiselbeeren auch zu Fleisch oder Gemüse. Aus vielen Beerensorten werden zudem – für besondere Gelegenheiten – hausgemachte Weine hergestellt.

EINKAUFEN

Jede Region Schwedens hat ihre ganz eigenen Spezialitäten, und fast alle eignen sich sehr gut als Mitbringsel. Das gilt insbesondere für die essbaren Souvenirs. Aber auch ansonsten ist die Bandbreite recht groß; traditionell zählen schwedisches Glas und Design zu den beliebtesten Geschenken. Schnäppchenjäger sollten auf jeden Fall nach herabgesetzter Ware *(rea)*, Artikeln zweiter Wahl oder Restposten *(fynd)* Ausschau halten. Besonders praktisch: Die Ladenöffnungszeiten sind großzügig, fast alle Geschäfte haben auch sonntags geöffnet.

DESIGN

Nicht erst seit Ikea ist Schweden tonangebend, was Wohndesign betrifft. So haben es Accessoires der Gruppe *Designhouse Stockholm (DHS)* schon in den Shop des New Yorker Museum of Modern Art geschafft. Lampen, Geschirr und Kerzenständer von *DHS (www.designhouse.se)* finden Sie in vielen Designläden.

Neben H & M haben sich inzwischen auch andere schwedische Modelabels fest auf dem internationalen Markt etabliert. Kleidung von *Tiger of Sweden, Whyred, Cheap Monday* oder *Acne Jeans* beispielsweise sind begehrt und in den größeren Städten zu haben.

GLAS

Aus der Gegend um Växjö in Småland, auch *glasriket* (Glasreich) genannt, können Sie bildschöne Vasen, Gläser und Schüsseln des Hersteller *Orrefors (Kosta Boda Art Gallery | Kosta | Tel. 0478 345 50 | www.kostaboda.se | www.orrefors.se)* mitnehmen. Seit mehr als 250 Jahren üben südschwedische Glashütten ihr Handwerk aus. Sie können vor Ort zusehen, wie das Glas hergestellt wird, und es günstig direkt ab Fabrik kaufen.

KUNSTHANDWERK

Samisches Kunsthandwerk wird entlang der nordschwedischen Landstraßen von Samen selbst verkauft; wirkliche Qualitätsprodukte gibt es allerdings nur in den Zentren der samischen Bevölkerung in Lappland wie in *Jokkmokk* (wo auch die entsprechende Handwerksschule ihren Sitz hat) oder in *Gällivare* nördlich des Polarkreises. Ebenfalls handgemacht ist das wohl am häufigsten verkaufte

Shoppen auf Schwedisch: Vom Dalapferdchen bis zur Designerjeans – die besten Tipps für jeden Geschmack und Geldbeutel

Souvenir in Schweden, das so genannte Dalapferdchen. Das geschnitzte Holztier ist traditionell rot und wird in der Provinz Dalarna hergestellt. Die dekorativen Pferdchen sind als Spielzeug oder als Christbaumschmuck beliebt.

LEBENSMITTEL

Als kulinarisches Mitbringsel für daheim seien vor allem nordschwedische Spezialitäten empfohlen: eine Dose *surströmming* (fermentierter Hering) etwa – Achtung, Dose unbedingt im Freien öffnen! –, ein Glas *hjortronsylt* (Moltebeerenmarmelade) oder luftgetrocknetes Rentierfleisch. Die Waren sind lange haltbar und deshalb bestens für den Transport geeignet.

OUTLETSHOPS

In stillgelegten Industriegebäuden außerhalb der großen Städte haben sich Outletfirmen wie *Lager 157 (www.lager157.com)* eingerichtet – mit einem Angebot an sehr günstigen Qualitätswaren. In *Ulricehamn* etwa, einem einst verschlafenen Nest in Westschweden, ziehen die Outletgeschäfte über eine Million Besucher pro Jahr an. Empfehlenswert: das Outlet *Ivanhoe's Källare (Trikågatan | Gällstad | Tel. 0321 68 87 10)* mit Kleidung von Ivanhoe, Sail Racing, Jumperfabriken, Ollefabriken, North Sails.

TRÖDEL & ANTIKES

Altes schwedisches Design ist ein beliebtes Mitbringsel: Auf dem Land weisen Schilder mit dem Aufdruck *Antik* oder *Loppis* auf Trödelmärkte und -läden hin. Meist werden einfache Möbel und andere Waren verkauft, die der Händler bei Haushaltsauflösungen erstanden hat. Hochwertige Stücke finden Sie eher in einem der zahlreichen Antiquitätenläden in Stockholm. Infos: *www.vintagekartan.se/Stockholm*

STOCKHOLM

CITY

WOHIN ZUERST?

Den Anfang können Sie am **Reichstag (U C4)** *(📖 c4)* machen. Wenige hundert Meter vom Hauptbahnhof entfernt, gilt es von hier die zentralen Teile der Stadt zu erkunden: gen Süden die Altstadt (Gamla Stan) und die Szene-Insel Söder, nach Norden beginnt die Einkaufsmeile Drottningholm, und im Osten tut sich ein erster Blick auf die Unterhaltungs- und Erholungsinseln Skeppsholmen und Djurgården auf. Für das Auto bietet sich als zentraler Parkplatz „Gallerian P-Huset" an der Regeringsgatan 15 ganz im Zentrum an.

KARTE IM HINTEREN UMSCHLAG

(143 E4–5) *(📖 E13)* **Touristenbüros übertreiben oft, wenn sie ihre Stadt anpreisen. Im Fall von Stockholm (950 000 Ew.) aber geht der Werbeslogan „Schönheit auf dem Wasser" nicht einmal weit genug. Denn außer Wasser hat die Schönheit Stockholm auch jede Menge Grün zu bieten.**

Eine Faustregel lautet: Stockholm besteht zu einem Drittel aus Wasser, zu einem Drittel aus bebauter Fläche und zu einem Drittel aus Grünflächen. Und das Beste: Alle drei Teile sind gleichermaßen sehenswert. Im Sommer laden die Ostsee und der See Mälaren zu Bootsausflügen und Badespaß ein, im Winter können Sie auf Eisflächen spazieren gehen oder Schlittschuh laufen. In den Parks

Bild: Blick auf Stockholms Altstadt mit königlichem Schloss

Am Wasser gebaut: In der schwedischen Hauptstadt treffen Sie überall auf Wasser – und auf ausgedehnte Grünflächen

können Sie zu jeder Jahreszeit wandern und anschließend in den gemütlichen Kaffee- und Teehäusern entspannen.

Die vor über 750 Jahren gegründete Stadt besteht aus vielen Inseln, von denen die historische Altstadt Gamla Stan, der ehemalige Arbeiterstadtteil Södermalm und das Nobelquartier Östermalm die bekanntesten sind. Stockholm ist reich an Museen – neben mehreren Kunstmuseen, die sich fast allen Epochen widmen, gibt es Museen für Musik, Theater und Spielzeug. Das Stadtzentrum ist relativ klein, man kommt gut ohne Auto aus. Oder Sie benutzen das gut ausgebaute öffentliche Verkehrsnetz *(www.sl.se)*. Ausführliche Informationen zur Hauptstadt Schwedens finden Sie im MARCO POLO Reiseführer „Stockholm".

SEHENSWERTES

Einen Überblick über aktuelle Ausstellungen, Veranstaltungen, Restaurants und In-Läden finden Sie im Internet auf *www.visitstockholm.com*.

Glitzernde Welt der Popmusik und 70er-Jahre-Hits vom Feinsten: Abba-Museum

ABBA – THE MUSEUM ★

(U F5) *(🕮 f5)*

Die beliebteste und erfolgreichste schwedische Pop-Band aller Zeiten hat ein eigenes Museum. Dank modernster Technik können Sie zum fünften Bandmitglied werden, mitsingen und mitfiebern. In der Hochsaison empfiehlt es sich, Tickets online für eine bestimmte Besuchszeit zu reservieren. *Mai–Aug. tgl. 10–19, Sept.–April Mo/Di 10–18, Mi/Do 10–19, Fr–So 10–18 Uhr | Eintritt 250 SEK | Djurgårdsvägen 68 | www.abbathemuseum.com*

DJURGÅRDEN ★ ●

(U F3–6) *(🕮 f3–6)*

Das ehemalige königliche Jagdrevier ist heute eine einzigartige Erholungsinsel mit Museen und viel Grün. Am Anfang der Insel liegen das *Nordiska Museet (tgl. 10–17, Mi bis 20 Uhr | Eintritt 120 SEK | www.nordiskamuseet.se)* mit einer Samlung zur nordischen Volkskunde sowie die neu renovierte *Liljevalchs Konsthall (Öffnungszeiten und Eintritt auf der Website, bei Redaktionsschluss unklar | www.liljevalchs.se)* mit wechselnden Ausstellungen internationaler Künstler. Empfehlenswert sind außerdem noch der ökologische Garten *Rosendals Trädgård (Feb.–März u. Nov./Dez. Di–So 11–16 Uhr, April/Okt. Di–So 11–17 Uhr, Mai–Sept. tgl. 11–17 Uhr | www.rosendalstradgard.se)* und sein Café. Sie können dort auch Ökobrot und hausgemachte Delikatessen kaufen.

Der Weg nach Djurgården führt über die Brücke vom noblen Strandvägen oder per Boot von der Stadtmitte aus. Mieten Sie sich an der Brücke ein Fahrrad, so können Sie die Insel in einer Stunde umrunden oder einen Tag lang abfahren.

EKOPARKEN ●

(U E–F 4–5) *(🕮 e–f 4–5)*

Der erste urbane Nationalpark der Welt liegt in Stockholm und zieht sich über 10 km durch bzw. um die Stadt herum. Hier sagen sich inmitten der Großstadt Hase, Füchse und ab und zu sogar ein Elch gute Nacht. Fünfzig Vereine betreiben den Park und bieten Aktivitäten wie Naturspaziergänge oder Eislaufen an. Im *Överjärva Gård* findet zur Sommersonnenwende ein traditionelles Mittsommerfest statt. *ekoparken.org*

FOTOGRAFISKA ★ (U E6) (*e6*)
Das Museum für Fotografie ist einer der größten Treffpunkte für moderne Fotografie weltweit. Es zeigt pro Jahr vier Hauptausstellungen und rund 20 kleine Ausstellungen. Zusätzlich zur großen Ausstellungsfläche beherbergt das Fotografiska einen Buch- und Souvenirshop, ein Restaurant und eine Galerie für Fotografie. INSIDER TIPP Das Café im obersten Stock bietet eine der schönsten Aussichten über Stockholm. *So–Mi 9–23, Do–Sa 9–01 Uhr | Eintritt 145 SEK | Stadsgårdshamnen 22 | fotografiska.eu*

GAMLA STAN ★
(U C–D 4–6) (*c–d 4–6*)
Die Altstadt ist das historische Zentrum von Stockholm und glänzt durch ihre hervorragend erhaltenen, zum größten Teil 300 bis 400 Jahre alten Bauten. Imposante Kaufmannshäuser säumen Gassen und Plätze. Auf dem Hof des königlichen Schlosses wird regelmäßig die Wachablösung *(Mo–Sa 12.15, So 13.15 Uhr)* in Szene gesetzt. INSIDER TIPP Wenn Sie wirklich etwas sehen wollen, sollten Sie sich im Sommer mindestens 45 Minuten vor Beginn strategisch gut im Innenhof platzieren. Das *Schloss (Mai–Sept. tgl. 10–17 Uhr, Okt.–April Di–So 10–16 Uhr | Eintritt 160 SEK | www.kungahuset.se)* kann besichtigt werden. Den Kern der Altstadt bildet *Stortorget,* der frühere Hauptplatz, wo auch das Nobelmuseum liegt.

MODERNA MUSEET (U E5) (*e5*)
Schwedens bekanntestes Kunstmuseum beherbergt eine der weltweit größten Sammlungen des 1968 gestorbenen französischen Objekt- und Konzeptkünstlers Marcel Duchamp. Vor dem vom Spanier Rafael Moneo entworfenen Gebäude liegt ein kleiner Park mit Skulpturen des Künst-

MARCO POLO HIGHLIGHTS

★ Abba-Museum
Die bekannste schwedische Band im interaktiven Musikhaus → S. 34

★ Djurgården
Natur pur, mitten in der Stadt → S. 34

★ Gamla Stan
Jahrhundertealte Häuser im historischen Zentrum → S. 35

★ Skansen
Freilichtmuseum und Tierpark liegen mitten in der Stadt → S. 36

★ Fotografiska
Internationale Fotokunst → S. 35

★ Vasamuseet
Einzigartig: ein fast komplett erhaltenes Schiff aus dem 17. Jh. → S. 37

★ Schloss Drottningholm
Der imposante Sitz der Königsfamilie kann besichtigt werden → S. 42

★ Schloss Gripsholm
Tucholskys entzückende Idylle am See Mälaren, wo im Sommer Dampfschiffe und Dampfloks zu Ausflügen starten → S. 43

★ Stockholmer Schären
Unzählige Inseln umgeben die Hauptstadt – ein Paradies für Kanuten und Segler → S. 43

lerpaares Jean Tinguely und Niki de Saint Phalle. Internationale Künstler sind u. a. mit Pablo Picasso, Salvador Dalí und Louise Bourgeois vertreten. Bildschön ist der Blick über das Wasser bis hin zur Insel Djurgården von der Terrasse des Museumscafés. Im selben Gebäude liegt auch das Architekturmuseum, nebenan das Ostasiatische Museum. *Di/Fr 10–20, Mi/Do/Sa/So 10–18 Uhr | Eintritt frei | Skeppsholmen | www.modernamuseet.se*

NATIONALMUSEUM (U D4) (*d4*)
Nach umfassenden Renovierungsarbeiten öffnet Schwedens größtes Kunstmuseum am 13. Oktober 2018 wieder seine Pforten. Einzelheiten im Internet: *www.nationalmuseum.se*

NOBELMUSEET (U C5) (*c5*)
Hier mitten in der Altstadt erfahren Sie alles, was Sie über den Menschen Alfred Nobel und die Nobelpreisträger wissen wollen. Auf der Unterseite jedes Stuhls im *Bistro Nobel* finden Sie die Unterschrift eines Nobelpreisträgers. Doch Achtung! Sitzen Sie z. B. auf Barack Obamas Stuhl, sind Sie schnell von kriechenden Touristen umgeben. *Juni–Aug. tgl. 9–20, Sept.–Mai Di–Do 11–17, Fr 11–20, Sa/So 10–18 Uhr | Eintritt 120 SEK | Börshuset Stortorget | www.nobelmuseum.se*

SKANSEN ★ (U F5) (*f5*)
Im Freilichtmuseum auf der Insel Djurgården sind rund 150 kulturhistorische Bauwerke aus allen Teilen des Landes ausgestellt. In Gehegen leben Tiere aus der skandinavischen Wildnis. Im Juni findet in Skansen das traditionelle Mittsommerfest statt, im Winter ein Weihnachtsmarkt. Das typisch schwedische Buffet *smörgåsbord* wird im zugehörigen Restaurant *Sollidens Matsal* angeboten. Achtung, hinter dem Begriff Smörgås verbergen sich hier keine Butterbrote, sondern ein reichhaltiges Buffet mit viel Fleisch und Fisch. *Mai/Juni 10–18*

Goldener Saal im Stadshuset: Hier dinieren alljährlich die Nobelpreisträger

Juli/Aug. 10–20 Uhr, andere Monate s. Website | Eintritt Juni–Aug. 195, Mai Sa/So 160, sonst 125 SEK | Djurgården | www.skansen.se/de/deutsch

SÖDERMALM (U A–F6) (*a–f6*)
Ohne Zweifel der hippste und coolste Stadtteil Stockholms. Rund um Nytorget, Medborgarplatsen und Götgatan finden Sie die angesagtesten Läden und Cafés. Und auf Söder, wie der Stadtteil bei den Einheimischen heißt, gibt es auch ein paar phantastische Aussichtspunkte. Beginnen Sie Ihre Tour am Mariatorget beim Hotel Rival, das Ex-ABBA Benny Andersson gehört. Weiter über den *Hornsgatspuckeln (Hornsgatan 24–50)* mit seinen kleinen Galerien und originellen Läden (Schmuck, Tee, Kleider) zum *Monteliusvägen*. Dort haben Sie einen genialen Blick über die Stadt und den See Mälaren. Oder Sie machen es wie die Stockholmer und INSIDER TIPP genießen im Sommer die Aussicht und den (späten) Sonnenuntergang bei einem Picknick auf Stockholms höchstem Berg *Skinnarviksberget*. Wer lieber die Ostseeseite Stockholms sehen will, geht zur *Fjällgatan*. Tagsüber wimmelt es hier nur so von Touristen, die in Bussen angekarrt werden. Ab 18 Uhr gehört der Panoramablick Ihnen – und ein paar Möwen.

STADSHUSET (U A–B4) (*a–b4*)
Der Ziegelsteinturm mit den drei Kronen auf der Spitze ist das Wahrzeichen der schwedischen Hauptstadt. Die Aussicht über Gamla Stan, Södermalm und Kungsholmen ist einzigartig. In der blauen Halle und dem goldenen Saal des Rathauses findet im Dezember das Nobelpreisdinner statt. Außer dem Turm kann das Stadshuset nur im Rahmen einer Führung besucht werden. *Turm Mai–Sept. tgl. 9–16 Uhr | Eintritt 60 SEK | Führungen auf Englisch stündl. 10–15 Uhr (im Sommer auch deutschsprachige Führungen) | April–Okt. 110 SEK, Nov.–März 80 SEK | Hantverkargatan 1 | www.stockholm.se/stadshuset*

VASAMUSEET ★ (U F4) (*f4*)
Schiffsfreund oder nicht – hier müssen Sie hin! Wenn Sie ins Halbdunkel des großartigen Museums treten, stehen Sie der Vasa gegenüber: fast 400 Jahre alt, 70 m lang und zu 95 % original. Bau, Bergung und Bedeutung des imposanten Kriegsschiffs, das 1628 auf seiner Jungfernfahrt sank, sind auch für weniger Geschichtsinteressierte faszinierend und spannend dargestellt. I-T INSIDER TIPP Schauen Sie sich unbedingt den Einführungsfilm (20 Min., auch auf Deutsch) an, und besuchen Sie die Vasa nach 15 Uhr! Dann ist der Massenandrang meist vorbei. *Juni–Aug. tgl. 8.30–18, Sept.–Mai tgl. 10–17, Mi bis 20 Uhr | Eintritt 130 SEK | Galärvarvsvägen 14 | www.vasamuseet.se*

ESSEN & TRINKEN

INSIDER TIPP **19 GLAS** (U C5) (*c5*)
Vergessen Sie nervige Sommeliers und steife Atmosphäre! Die kleine Weinbar mitten in der Altstadt hat 19 Plätze, ausgesuchtes Essen und Ökoweine von Weltklasse. Tätowierte Männer mit Hipsterbärten servieren, der Chef hat besonders langes Haar und brillante Weinkenntnisse. Unbedingt reservieren! *Mo–Sa 12–24 Uhr | Stora Nygatan 19 | Tel. 08 7 23 19 19, www.19glas.se/sidor* | €€

EAT WITH JONNA (U O) (*O*)
Komm in mein Wohnzimmer, sagt Besitzerin Jonna und serviert in ihrem kleinen, farbenfrohen Cafe Ökosandwiches, die Greta, Edith und Pirlo heißen. Freitags oft Livemusik zum Afterwork. *Di–Fr 11–18 (bei Musik bis 21), Sa 12–17 Uhr |*

Folkungagatan 95 | Tel. 070 4 80 11 46 | www.eatwithjonna.se

LUX STOCKHOLM (U O) *(🕮 O)*
Eine der besten und angesagtesten kulinarischen Adressen der Hauptstadt. Das Konzept basiert auf den vier schwedischen Geschmacksrichtungen: salzig, süß-sauer, geräuchert und würzig. Die Zutaten sind ebenso schwedisch wie das Ambiente. Die Gerichte werden unter den Augen der Gäste mitten im Restaurant zubereitet. *So/Mo geschl. | Primusgatan 116 | Tel. 08 6 19 01 90 |* €€

MEATBALLS FOR THE PEOPLE
(U O) *(🕮 O)*
Kultiges Restaurant, in dem sich alles um die bekannten schwedischen Fleischbällchen dreht. Wer jetzt denkt, das sei langweilig, wird eine kulinarische Überraschung erleben. Auch für Vegetarier und Fischfans ist gesorgt. *So–Do 11–22, Fr–Sa 11–24 Uhr | Nytorgsgatan 30 | Tel. 08 4 66 60 99 | meatbSall.se |* €

SKROTENS CAFÉ OCH SKEPPSHANDEL
(U O) *(🕮 O)*
In dem originellen Café auf Djurgårdens früherem Werftgelände können Sie nicht nur leckere Snacks genießen (z. B. gegrillte Sandwiches, Fischsuppe), sondern auch altes Bootszubehör kaufen! Wenn Josefin Arrhénborg und Maria Rindstam nicht in der Küche stehen, verschrotten sie Boote. *Tgl. 11–17, Mi/Fr/Sa bis 22 Uhr | Beckholmsvägen 14 | Djurgården | Tel. 070 3 80 80 80 | www.skrotens.se |* €–€€

EINKAUFEN

Die großen Einkaufsstraßen liegen in der Nähe von ● *Sergels Torg,* lediglich ein paar Gehminuten vom Hauptbahnhof entfernt. Die noblen Modeboutiquen haben sich in der *Biblioteksgatan* und der *Birger Jarlsgatan* angesiedelt. Das Edelkaufhaus *Nordiska Kompaniet (NK)* in der *Hamngatan* beherbergt viele renommierte schwedische und internationale Modemarken und eine Abteilung für Glas und Kunsthandwerk. In *Gamla Stan* gibt es v. a. Touristenläden, die klassische Souvenirs wie hölzerne Dalapferdchen verkaufen, in *Södermalm* rund um die *Folkungagatan* kleine Modeboutiquen.

PET SOUNDS (O) *(🕮 O)*
Plattenfans aus aller Welt strömen in das Geschäft mit Café und Buchhandlung, das eher an ein Wohnzimmer erinnert. In Schwedens berühmtestem Plattenladen können Sie bei Musik jenseits des Mainstreams und einem Kaffee wunderbar einen Tag verbringen. *Skånegatan 53 | www.petsounds.se*

SCHWEDISCHES DESIGN
Postkarten, Küchenutensilien, Schmuck und anderes cooles Design finden Sie in den Läden von *Designtorget (z. B. Götgatan 31, Kungsgatan 52, im Kulturhuset am Sergels Torg oder am Hauptbahnhof | www.designtorget.se)*. Stehen Sie mehr auf moderne skandinavische Klassiker wie Bruno Frank oder Carl Malmsten? Dann ist *Svenskt Tenn (Strandvägen 5 | www.svenskttenn.se)* ein Muss.

SCIENCE-FICTION-BOKHANDELN
(U C5) *(🕮 c5)*
Ein Mekka für Science-Fiction-Fans mitten in der Altstadt. Bücher, DVDs, Spiele und massenhaft Fanartikel. *Västerlånggatan 48 | www.sfbok.se/butik/stockholm*

FREIZEIT & SPORT

CENTRALBADET ● (U B2) *(🕮 b2)*
Direkt in der Innenstadt können Sie in diesem Original-Jugendstilbad Ihre Bahnen ziehen. Außerdem sorgen Spa,

Sauna, Sonnenterrasse und Meditationsraum für Wohlbefinden. Im angeschlossenen *Café Ecobaren* serviert man Rawfood und Essen mit Healingeffekt. Im Winter kann man hier bei einer Lichttherapie neue Energie tanken. INSIDER TIPP **Gehen Sie am besten wochentags am Vormittag hin!** Dann ist es am ruhigsten (und der Eintritt ist am billigsten). Achtung: Badelatschen sind obligatorisch! *Mo–Fr 7–20.30, Sa 8–19.30, So 8–17.30 Uhr | Eintritt Mo–Do 250 SEK, Fr–So 350 SEK | Drottninggatan 88 | www.centralbadet.se*

FAHRRÄDER UND TRETBOOTE (U F4) (*f4*)

Direkt an der Brücke zu Djurgården wird bei *Djurgårdsbrons Sjöcafé* jedes Fortbewegungsmittel vermietet, das keinen Lärm macht und sich deshalb bestens dafür eignet, Stockholms Natur zu entdecken. *Ca. 80 SEK pro Stunde | Galärvarvsvägen 2 | Tel. 08 6 60 57 57*

KANUFAHREN (O) (*o*)

Eine INSIDER TIPP **Kanutour durch die Stockholmer Schären** ist eine schöne (und anstrengende) Alternative zu einer Fahrt mit dem Ausflugsboot. Der Kanuklub *Brunnsvikens Kanotcentral* liegt an einem Ostseeausläufer nördlich des Stadtzentrums. Brunnsviken eignet sich für kleinere Paddeltouren oder als Ausgangspunkt für eine größere Tour in die Schären. *Kanu 250 SEK für 2 Std. | Frescati Hagväg 5 | Tel. 08 15 50 60 | short.travel/swe25*

Fundgrube für Fashionistas: Stockholms Altstadt Gamla Stan

KUTSCHFAHRTEN UND PFERDESCHLITTENTOUREN (O) (*o*)

Das Unternehmen *Häståkeriet CW Carina Westman* arrangiert Kutschfahrten und Reitausflüge sowie im Winter Pferdeschlittentouren durch Djurgården. *Ausritt ab 700 SEK pro Stunde p. P., Kutschfahrt ab 400 SEK p. P. | Greve von Essens väg 63 | Tel. 073 6 63 60 08 | www.hastakeriet.se*

INSIDER TIPP **„MILLENNIUM"-TOUR**
(U C–D6) (*c–d6*)
Auf den Spuren der Meisterhackerin Lisbeth Salander und des Journalisten Mikael Blomkvist gibt es spannende Stadtführungen zu den Orten in Södermalm, Kungsholmen und Vasastan, die in den Stieg-Larsson-Bestseller-Romanen vorkommen. Ein spezieller „Millennium"-Stadtplan für eigene Erkundungen ist auch erhältlich. Angeboten werden die Stadtwanderungen *(130 SEK)* vom Stockholmer Stadtmuseum. *Ryssgården | Slussen | stadsmuseum.stockholm.se*

STRÄNDE & WASSERSPORT
Zwischen der Ostsee und dem See Mälaren gelegen, bietet Stockholm beste Bedingungen für Wassersportler. Badestrände gibt es am See Mälaren, an der Ostsee und ihren Ausläufern sowie auf den Schären. Mitten in der Stadt liegt auf der Insel Långholmen ein kleiner, aber feiner Badestrand. Direkt daneben im idyllischen *Café Stora Henriksvik (Sommer tgl. 11–16 Uhr | Långholmsmuren 21 | www.storahenriksvik.se | €)* gibt's einfache Tagesgerichte, leckeren Kuchen, Saft und Kaffee.

AM ABEND

Wer es lässig mag, ist in *Södermalm* gut aufgehoben. Die Gegend um *Stureplan* herum ist dagegen sehr schick. Vor den Clubs bilden sich ab 23 Uhr meist Schlangen.

BERNS (U D3) (*d3*)
Im „Roten Zimmer" des Berns traf sich schon in August Strindbergs 1879 erschienenem gleichnamigen Roman die Stockholmer Künstlerszene. Das Haus mit Bar, Club, Hotel und Restaurant hat bis heute nichts von seinem Reiz verloren. *Tgl. | Berzelii Park |Tel. 08 56 63 22 00 | www.berns.se*

SÖDRA TEATERN/MOSEBACKE
(U D6) (*d6*)
Ab geht's zum Feiern und Tanzen! Hoch auf den Klippen mit Panoramablick über die Stadt bietet dieses alte Theater mehrere Bars, Clubs und Konzerte. Hier ist eigentlich jeden Abend was los. Das genaue Programm finden Sie auf der Homepage. Tagsüber können Sie auf der Terrasse in **INSIDER TIPP** Stockholms bestgelegenem Biergarten die wunderbare Aussicht kostenlos genießen. *Öffnungszeiten von Veranstaltung abhängig | Mosebacke Torg 3 | www.sodrateatern.com*

TAK (U C4) (*c4*)
Der Name ist Programm. Tak, auf Deutsch „Dach", befindet sich auf 50 m Höhe. Von hier haben Sie einen gigantischen Blick über die Stadt. 2017 eröffnet, hat sich die Location in Rekordzeit zu einem Liebling der Stockholmer entwickelt. Cool: *Signature Cocktails* wie „Sesame Street" (japanischer Whisky mit Sesam). In der *Raw-Bar (So–Mi 17–22, Do–Sa 17–23 Uhr)* gibt's Austern, Sashimi und Tatar. Im Restaurant *(unbedingt reservieren! Mo–Sa 17–24, Mo–Fr Lunch ab 11.30 Uhr)* serviert Starköchin Frida Ronge Skandinavisches mit einem Touch Japan. *Mo–Mi 15–24, Do 15–01, Fr/Sa 15–2, So 17–24 Uhr | Brunkebergstorg 4 | tak.se*

URBAN DELI TAKBAREN
(U B2) (*b2*)
Versteckte Dachterrasse mit Bar, Skulpturenpark und traumhaftem Blick auf die Stadt. Genau das Richtige für einen Drink in der Abendsonne! *Sommer tgl. 17–22 Uhr | Sveavägen 44 | Tel. 073 9 42 59 90.*

ÜBERNACHTEN

Sie sollten früh buchen, v. a. im Sommer sind die Hotels gut gebucht.

AF CHAPMAN & SKEPPSHOLMEN

(U D–E5) *(🕮 d–e5)*

Die Jugendherberge ist ganz maritim auf einem alten Segelschiff untergebracht. Es gibt auch Zimmer im Gebäude nebenan. *280 Betten | Flaggmannsvägen 8 | Tel. 08 4632266 | www.svenskaturistforeningen.se* | €

GENERATOR (U A2) *(🕮 a2)*

Die trendige Hostel-Kette hat 2016 einen Ableger nahe beim Bahnhof eröffnet. Vom Luxuszimmer bis zur preiswerten Gruppenunterkunft ist hier alles zu finden. Gemeinschaft und Design werden großgeschrieben. In der angeschlossenen *Bar Hilma (www.hilmastockholm.com)* können Sie nicht nur schwedische Craftbeers wie das Besserweisser probieren und am Wochenende tanzen, nein, Sie können sich auch ein Tattoo stechen lassen. Aber besser nur in nüchternem Zustand ... *233 Zimmer | Torsgatan 10 | Tel. 08 50532370 | generatorhostels.com/destinations/stockholm* | €–€€

INSIDER TIPP HELLSTENS MALMGÅRD

(U O) *(🕮 O)*

Mitten im Trendviertel Södermalm liegt dieser alte Hof aus dem 18. Jh. Gefrühstückt wird bei schönem Wetter im kleinen Garten, in den Zimmern mischen sich Antiquitäten und knallige Farben. Eine uralte Kastanie ziert den Hof. *49 Z. | Brännkyrkagatan 110 | Tel. 08 46505800 | hellstensmalmgard.se/Hellstens_Malmgard* | €€

JUMBOSTAY (O) *(🕮 O)*

Fans der Fliegerei finden auf dem Gelände des Stockholmer Flughafens eine Traumlocation für ihre Übernachtung: Eine umfunktionierte Boeing 747-212B der Singapore Airlines (Baujahr 1976) bietet neben exklusiven Suiten (im Cockpit!) auch günstige Einzel- und Mehrbettzimmer. *76 Betten | Jumbovägen 4 | Stockholm Arlanda | Tel. 08 59360400 | www.jumbostay.se* | €€

Berns: Prunk trifft auf schlichte Eleganz

MISS CLARA HOTEL (U B2) (*🕮 b2*)
Die frühere Mädchenschule (eröffnet 1910) ist in ein Designhotel mit Art-Nouveau-Elementen umfunktioniert worden. Dabei kommt modernes skandinavisches Design nicht zu kurz. Die Zimmer machen einen warmen, modernen und exklusiven Eindruck. Am Wochenende gibt es regelmäßig Brunch mit Livemusik. *92 Zi. | Sveavägen 48 | Tel. 08 4 40 67 00 | www.missclarahotel.com | €€€*

ZIELE IN DER UMGEBUNG

BIRKA (143 E4) (*🕮 E13*)
Zu Wikingerzeiten war die auf *Björkö* (Birkeninsel) gelegene Stadt der wichtigste Handelsplatz des Reiches. Überreste der damaligen Bebauung und ein großes Gräberfeld wurden nach und nach entdeckt. Das *Birkamuseet* informiert anschaulich über die Geschichte der Stadt und den Alltag ihrer damaligen Bewohner. *Im Sommer per Boot von Stockholm aus erreichbar | Mai–Sept. Boot u. Museum 400 SEK, nur Museum 100 SEK | www.birkavikingastaden.se. 30 km westlich*

Wenn das Tucholsky noch erlebt hätte: „Sein" Gripsholm – heute so anziehend wie damals

AUSKUNFT

STOCKHOLM VISITOR CENTER
(U C3) (*🕮 c3*)
Kulturhuset | Sergels Torg 5 | Tel. 08 50 82 85 08 | www.visitstockholm.com

STOCKHOLM INFO (U C3) (*🕮 c3*)
Gallerian | Hamngatan 37 | Tel. 08 53 33 73 00 | www.stockholminfo.se

SCHLOSS DROTTNINGHOLM ★
(143 E4) (*🕮 E13*)
Der Sitz der schwedischen Königsfamilie wurde im 17. Jh. in Anlehnung an Schloss Versailles erbaut. Der Museumstrakt im unbewohnten Teil des Hauptgebäudes ist

eingerichtet wie zu seinen Entstehungszeiten – schauen Sie sich an, wie die Herrschaften damals wohnten.
Im Park stehen das China-Schloss und das berühmte Schlosstheater mit einer für die damalige Zeit einzigartigen Bühnentechnik. Hinten im Park beim China-Schloss versteckt sich ein kleines *Café (April–Mai u. Mitte Sept.–Okt. Sa/So 11.30–16.30, Juni–Aug. tgl. 11.30–17, Anfang Sept. tgl. 11.30–16.30 Uhr)*, in dem es im Sommer INSIDER TIPP leckere frisch gebackene Waffeln gibt. *Park und Schloss April tgl. 10–16, Mai–Sept. tgl. 10–17, Okt. Fr–So 10–16, Nov–März Sa/So 10–16 Uhr | Eintritt 130 SEK | Tel. 08 4 02 62 80 | www.kungahuset.se. 10 km westlich*

SCHLOSS GRIPSHOLM ★ ●
(143 E5) *(⊞ E13)*
Kurt Tucholsky schrieb 1931 mit „Schloss Gripsholm" eine Hommage an seine schwedische Exilheimat und das entspannte Leben dort. Darin prägte er den Begriff „die Seele baumeln lassen". Mit seinem Roman hat Tucholsky das Schloss, das wie viele Bauten in Schweden von Gustav Vasa in Auftrag gegeben worden war, und seine Umgebung weit über die Landesgrenzen hinaus bekannt gemacht. Das Städtchen Mariefred (4000 Ew.) mit dem massiven, festungsartigen Schloss liegt direkt am See Mälaren und kann von Stockholm aus im Sommer auch per Boot angefahren werden. *April/Okt./Nov. Sa/So 12–15, Mai–Sept. tgl. 10–16 Uhr | Eintritt 130 SEK | www.kungahuset.se. 60 km westlich*

STOCKHOLMER SCHÄREN ★
(143 F4–5) *(⊞ F13–14)*
Stockholm ist bekannt für seine wunderschöne Inselwelt direkt vor den Toren der Stadt. Im Sommer kann in der Meereslandschaft mit den über 24 000 Inselchen und Schären geschwommen, gesegelt und sonnengebadet werden. Berühmtestes Ziel ist *Sandhamn* mit seinem großen Segelhafen. In der Bar am Hafen ist auch abends jede Menge los. Auskünfte erteilt die ● *Schären-Stiftung (Tel. 08 4405600 | www.skargardsstiftelsen.se)*. Auf etlichen Inseln gibt es Zeltplätze, Jugendherbergen und Hotels. Einige Inseln können per Auto oder Bus erreicht werden. Ausflugsboote in die Schären fahren vom Nybroplan und Strandvägen.

LOW BUDG€T

Zahlreiche Restaurants bieten zwischen 11 und 14 Uhr günstige Tagesgerichte an, im Luxusrestaurant *Gondolen (Tel. 08 6417090 | Stadsgården 6 | eriks.se)* etwa ist ein Mittagessen schon für weniger als 15 Euro zu haben – abends beginnen die Preise bei rund 50 Euro!

Mehr als ein Dutzend ● staatliche Museen *(Liste: short.travel/swe26)* in Stockholm sind gratis. Auch die *Stockholm Card (für 1, 2, 3 oder 5 Tage | www.stockholmpass.de)* macht sich bezahlt. Sie bietet Eintritt zu mehr als 60 Sehenswürdigkeiten und verschiedenen Boots- und Bustouren.

Die Stockholmer U-Bahn ist mit 110 km die ● längste Kunstgalerie der Welt! Machen Sie sich auf Entdeckungstour, eine Auswahl der 14 schönsten Stationen finden Sie auf *short.travel/swe27* – Sie brauchen nur ein gültiges U-Bahn-Ticket! Von Juni bis August gibt es kostenlose Führungen *(Di, Do, Sa 15 Uhr | Start: SL Center T-Centralen | short.travel/swe28)* auf Englisch.

DER SÜDEN

Idyllische Städtchen am Vätternsee, historische Fischerdörfer an der Ostseeküste, traditionsreiche Arbeiter- und Universitätsstädte sowie die zwei größten Inseln des Landes: Der Süden ist eine abwechslungsreiche Gegend, zu der mit Småland und Schonen die bekanntesten Landschaften Schwedens gehören.

Es gibt keinen schöneren Zugang zum Süden, als mit dem Auto oder dem Zug über die Öresundbrücke von Dänemark aus ins Land zu fahren und dann an jeder Ecke Halt zu machen. Die alte Arbeiterstadt Malmö hat seit der Brückeneröffnung im Jahr 2000 einen neuen Aufschwung erlebt – viele Dänen zieht es dorthin, u. a. wegen der niedrigeren Lebenshaltungskosten, der hohen Lebensqualität und der unverfälschten Natur.

Im Landesinneren der Provinz Skåne (Schonen) lockt die Dom- und tUniversitätsstadt Lund mit ihren historischen Bauten und dem pulsierenden Studentenleben. Schwedens bekannteste Region ist Småland – dank Astrid Lindgren, die ihre Geschichten hier ansiedelte. Eine Tour durch diese Landschaft ist wie eine Fahrt mit den Kindern aus Bullerbü auf dem Heuwagen. Vor der Ostküste Smålands liegen die beiden Ostseeinseln Öland und Gotland. Im Sommer werden sie zu den beliebtesten Badeinseln der Nation, im Herbst und Frühjahr bleiben Besucher fast aus. Dann verwandeln sich Öland und Gotland zu Orten der Ruhe.

Ausführliche Informationen über den Süden finden Sie im MARCO POLO Reiseführer „Südschweden".

Bild: Strand bei Byrum an der Westküste der Insel Öland

Verwunschene Orte an der Ostseeküste: Schwedens Süden beglückt mit Badefreuden, Ostseeinseln und hübschen Städtchen

GOTLAND

(141 F1–3) (*F15–16*) **Auf der größten Insel der Ostsee herrscht ein milderes Klima als im Rest des Landes – das zieht die Wärme suchenden Schweden an.** Hier gedeihen sogar Orchideen. Visby, Gotlands einzige Stadt, war einst ein wichtiges Mitglied des Hanseverbunds. Mit den schmucken Häusern und der mittelalterlichen Ringmauer ist der ehemalige Reichtum Visby noch heute anzusehen. An den Küstenstreifen ragen die für Gotland so charakteristischen, bizarr geformten Felstürme, *Raukar* genannt, auf.

SEHENSWERTES

FÅRÖ ★

Kilometerlange Strände, von der Natur geschaffene Felsskulpturen und eine Kirche mit mittelalterlichem Fundament – die im Norden vorgelagerte Insel Fårö bietet alle Highlights Gotlands auf engs-

In Gotlands einziger Stadt Visby – im Hintergrund: der Hauptturm des Doms

tem Raum *(8 Min. Fährüberfahrt jede halbe Stunde ab Fårösund)*. Kein Wunder, dass der Regisseur Ingmar Bergman die Ostseeinsel 1965 als Zufluchtsort wählte. Um weiter arbeiten zu können, richtete er sich in der Scheune seines Hauses ein Kino ein. Im *Kulturzentrum Bergmancenter (Juni–Aug. tgl. 10–16, Mai/Anfang Sept. Do–So 12–16 Uhr | www.bergmancenter.se)* erfahren Sie mehr über die Ikone des schwedischen Films. Wer über Nacht bleibt, mietet sich am besten im Feriendorf mit angeschlossener *Jugendherberge* und *Hotel (Sudersand | Fårösund | 50 Zimmer | Tel. 0498 22 35 36 | www.sudersand.se | €)* ein oder bei *Fårögården Bed & Breakfast (Fårösund | Tel. 0498 22 36 39 | www.farogarden.se | €)*.

LÄNSMUSEET GOTLAND

In den Ausstellungen der neun zum *Länsmuseet Gotland (www.gotlandsmuseum.se)* gehörenden Häuser und historischen Stätten spiegelt sich die künstlerische und kulturhistorische Entwicklung der Insel wider. Das *Kunstmuseum in Visby (Di–So 12–16 Uhr | Eintritt 70 SEK | St. Hansgatan 21 | Visby)* zeigt vor allem Malerei aus dem 19. und 20. Jh. Im *Fornsalen (Di–So 12–16 Uhr | Eintritt 100 SEK | Strandgatan 14 | Visby)* sind beeindruckende Schätze aus der Wikingerzeit und mittelalterliche Kirchenkunst zu sehen.

Im Süden liegt *Petes Museigården (Juni bis Aug. tgl. 11–17 Uhr | Eintritt frei | Führungen 50 SEK | Hablingbo | www.museigardenpetes.se)*, ein originalgetreu eingerichtetes Haus aus dem 18. Jh., in dem die meisten Möbel die Zeitreise in die Vergangenheit mitgemacht haben. Auf der Terrasse mit schönem Meerblick werden Kaffee und Kuchen serviert. Im angeschlossenen Laden gibt es Tees, Kräuter und Saft.

VISBY ★ ●

Gotlands einzige Stadt (23 000 Ew.) kann ihre mittelalterlichen Wurzeln nicht verbergen: Die engen Gassen und Häuser mit Treppengiebel sind von einer bis zu 12 m hohen und über 3 km langen Stadtmauer umgeben. Der Grundriss Visbys entspricht auch heute noch weitgehend dem vor 700 Jahren, viele historische Häuser sind erhalten. Besonders sehenswert, da in bestem Zustand, ist die *Gamla Apoteket (Alte Apotheke | Strandgatan)*. In der einstigen Hansestadt gab es im Mittelalter mindestens 16 Kirchen, für einen Ort dieser Größe unglaublich viele. Nur die Domkirche wird noch genutzt, die anderen sind Ruinen oder völlig zerstört. In der ersten Juliwoche trifft sich im Ort seit Olof Palmes Zeiten die politisch interessierte Öffentlichkeit aus ganz Schweden.

ESSEN & TRINKEN

KAPITELHUSGÅRDEN

Hinter der schweren Holzpforte unweit des gotländischen Museums verbirgt sich ein kleines gastronomisches Paradies – ein Wirtshaus wie im Mittelalter. Nicht nur die Rezepte sind alt, es wird auch so gegessen wie anno dazumal. *Juni–Aug. tgl. | S:t Drottensgatan 8 | Visby | Tel. 0498 24 76 37 | www.kapitelhusgarden.se* | €€

SMAKRIKE KROG

Auch kulinarisch besteht Gotland längst nicht nur aus Visby. In Ljugarn an der Südostküste der Insel sorgt das Wirtspaar Lotta und Rickard Hasselblad für besonders geschmackvolle Erlebnisse. Empfohlen seien u. a. die hausgemachten Teigwaren mit Schafskäse- und Selleriefüllung. *Jan.–März geschl. | Claudelins väg 1 | Tel. 0498 49 33 71 | www.smakrike.se* | €€€

ÜBERNACHTEN

FERIENHÄUSER

Über die gesamte Insel verstreut liegen zahlreiche Feriendörfer und -häuser, die meisten an der Westküste. Egal, wo Sie wohnen – zum nächsten Strand ist es nie weit. *Gotlands Turistservice (Tel. 0498 20 33 00 | www.gotlandsturistservice.com)* vermittelt Unterkünfte in den meisten Anlagen.

CLARION HOTEL WISBY

Mittelalterliche Säulengewölbe treffen auf skandinavisches Design: Das Besondere an dem zentral gelegenen Haus ist die Architektur. *212 Zi. | Strandgatan 6 | Visby |*

MARCO POLO HIGHLIGHTS

★ **Fårö**
Inseltraum fernab vom Trubel
→ S. 45

★ **Visby**
Auf den Spuren der mittelalterlichen Hanse → S. 47

★ **Varvet**
Marinegeschichte auf dem Gelände einer alten Werft → S. 48

★ **Kalmar**
So schön, dass ihm eine eigene Insel gebührt: Schloss Kalmar am Rand der Stadt → S. 49

★ **Moderna Museet**
Eines der interessantesten Kunstmuseen des Landes – im alten E-Werk in Malmö → S. 52

★ **Lund**
Studentisches Flair und eine der schönsten Kirchen des Landes
→ S. 54

Tel. 0498 25 75 00 | www.nordicchoicehotels.se | €€€

WISBY JERNVÄGSHOTELL
Seit über 40 Jahren ist das gotländische Eisenbahnnetz stillgelegt, doch in Visby können Sie noch immer im „Eisenbahnhotel" übernachten. Und das zu sehr moderaten Preisen im Zentrum der Altstadt. Das familiäre Hotel ist ganzjährig geöffnet, in der Nebensaison ist eine telefonische Anmeldung nötig! *6 Zi. | Adelsgatan 9 | Visby | Tel. 0498 20 33 00 | www.gtsab.se/wisbyjernvagshotell |* €

AUSKUNFT

GOTLANDS TURISTBYRÅ
Donners Plats 1 | Visby | Tel. 0498 20 17 00 | www.gotland.com

KARLSKRONA

(141 D4) *(D17)* **Auch in Karlskrona (64 000 Ew.) können Sie die Schären erleben. Die Stadt selbst liegt auf mehrere Inseln verteilt, im Schärengarten gibt es dann fast 2000 weitere.**
Jahrhundertelang prägte die Marine das Stadtbild. Mittlerweile ist ihr Einfluss jedoch stark zurückgegangen. An manchen pompösen Gebäuden lässt sich aber noch die ehemalige Bedeutung der Marinestadt ablesen.

SEHENSWERTES

MARINMUSEUM
Hauptattraktion der Stadt ist das wirklich spannende und noch dazu kostenlose Marinemuseum. Klettern Sie in ein U-Boot oder gehen Sie durch einen gläsernen Tunnel, der die Sicht auf ein im Wasser liegendes Schiffswrack aus dem 18. Jh. freigibt. *Okt.–April Di–So 10–16 Uhr, Mai/Sept. tgl. 10–16 Uhr, Juni–Aug tgl. 10–18 Uhr | Eintritt frei | www.marinmuseum.se*

VARVET ★
Das Gelände der alten Werft lässt allein durch seine Ausmaße die frühere Bedeutung Karlskronas als Marinestützpunkt erahnen. Der ganze südliche Teil der Halbinsel Trossö ist Werftgelände. In der nach Teer duftenden, INSIDER TIPP riesigen Reepschlägerbahn, die mit 300 m Schwedens längster Holzbau ist, können Sie zuschauen, wie früher Schiffstaue hergestellt wurden. Die Anfang des 18. Jhs. errichteten Trockendocks Lindholmsdock und Polhemsdock waren die ersten ihrer Art im Land und sind bis heute in Betrieb. Während früher bis zu 270 Mann das Dock per Hand mit Hilfe von Ledersäcken leerten, übernehmen heutzutage Pumpen diese Arbeit. In den Sommermonaten werden Führungen durch das Weltkulturerbe angeboten. *www.karlskrona.se*

ESSEN & TRINKEN

NYA SKAFFERIET
Mit guter Aussicht auf einen der größten Plätze Schwedens können Gäste hier feine Salatbuffets und Häppchen im italienischen Stil genießen. *So geschl. | Rådhusgatan 9 | Tel. 0455 17178 | nyaskafferiet.se |* €–€€

STRÄNDE

Die Schären von Karlskrona eignen sich hervorragend für einen Badeausflug. Die größeren der Felsinseln wie *Aspö, Tjurkö* und *Sturkö* sind zwar auch mit dem Auto erreichbar, erheblich schöner ist jedoch eine Bootstour. Auf zahlreichen der Inseln gibt es Feriendörfer und Campingplätze.

ÜBERNACHTEN

INSIDER TIPP **BORÅKRA B & B**

Im kleinen Ort Boråkra 10 km nördlich von Karlskrona haben Per und Lotta die alte Volkschule in eine wunderschöne Pension verwandelt. Gäste schlafen im Lehrerinnenzimmer oder im Raum des Hausmeisters. Frühstück wird im Garten serviert, ein Bad im (ungeheizten) Pool und die freundlichen Riesenhunde Selma und Indy machen die Idylle perfekt. Im ehemaligen Klassenzimmer können Sie bei Per Kurse in iaido, einer japanischen Schwertkunst, machen. Landschaftsarchitektin Lotta hat sich im Garten verwirklicht. *Boråkravägen 12 | Tel. 070 6 50 15 27 | borakra.se | €€*

AUSKUNFT

TURISTBYRÅ

Stortorget 2 | Tel. 0455 30 34 90 | www.visitkarlskrona.se

ZIELE IN DER UMGEBUNG

IKEA MUSEUM (140 C3) (*C17*)

In Älmhult, der unscheinbaren Geburtsstadt von Ikea-Gründer Ingvar Kamprad, nahm die schwedische Möbelrevolution ihren Anfang. Oder können Sie sich noch ein Leben ohne IVAR und BILLY, ohne den Kampf mit dem Sechskantschlüssel vorstellen? Eben. 1958 öffnete Ikea hier sein allererstes Möbelhaus. Der Rest ist Geschichte. Alle ihre Einzelheiten erfahren Sie im 2016 eröffneten Ikea Museum. Ein Restaurant, einen Shop und ein Ikea-Hotel gibt es auch vor Ort. *Tgl. 10–18 Uhr, Juli/Aug. Gratisführungen auf Englisch tgl. 11.45 u. 14.45 Uhr | Eintritt 60 SEK | IKEAgatan 5 | www.ikeamuseum.com | 130 km westlich*

Buntes Design erzählt Möbelhausgeschichte: Ikea Museum

KALMAR ★ (141 D3) (*D17*)

So massiv, als könne es auch heute von niemandem eingenommen werden, thront das am besten erhaltene Renaissanceschloss des Landes auf einer Insel im Slottsfjärden. Kalmar (35 000 Ew.) war lange bedeutende Handelsstadt an der Grenze zur ehemals dänischen Provinz Blekinge. Seit dem Bau der Autobrücke nach Öland ist die Stadt bestens für einen Zwischenstopp geeignet. Das *Kalmarer Schloss (Mai tgl. 10–16, Di bis 20, Juni tgl. 10–16, Juli–Sept. 10–18 Uhr, übrige Zeiten s. Website | Eintritt 110 SEK | Kungsgatan 1 | www.kalmarslott.se)* ist heute ein Museum, sehenswert sind die luxuriösen Schlafgemächer. *80 km nordöstlich*

Von Kalmar sind es noch gut 130 km nördlich bis in die typisch småländische Kleinstadt *Vimmerby* (8000 Ew.), Astrid Lindgrens Heimatort, wo ein Museum und ein spannender Freilichtpark *(www.alv.se)* Jung und Alt in den Bann der bekanntesten Kinderbuchautorin der Welt ziehen.

ÖLAND (141 D–E 2–4) *(🕮 D–E 16–17)*
Suchen Sie lange Sandstrände, Ruhe und Natur? Dann sind Sie, ca. 100 km nordöstlich von Karlskrona, auf der zweitgrößten Insel Schwedens richtig. Öland ist nicht so trendig wie die große Schwester Gotland, doch wesentlich entspannter. O.k., oft pfeift der Wind über die lange und schmale Insel, aber gleichzeitig hat sie statistisch gesehen die meisten Sonnenstunden im Land.

Auf *Schloss Solliden (tgl., Mitte Mai–Aug. 11–18, 1.–15. Sept. 11–16 Uhr | Eintritt 105 SEK Mitte Juni–Mitte Aug. 120 SEK | sol lidensslott.se)*, der Sommerresidenz der königlichen Familie, können Sie immer am 14. Juli mit Kronprinzessin Victoria Geburtstag feiern. Doch auch ohne die Prinzessin ist Solliden mit seinen wunderschönen Gärten sehenswert. In der riesigen Ruine von *Schloss Borgholm (April/Sept. 10–16, Juni–Aug. 10–18 Uhr |*

Öland: Auf der rauen, schmalen Insel hat man es nirgendwo weit zum Strand

Eintritt 95 SEK | www.borgholmsslott.se) wandern Sie entspannt durch 900 Jahre schwedische Geschichte. Kinder können von Ende Juni bis Mitte August in die Ritterschule gehen.

Der INSIDER TIPP *Ökobauernhof Solberga Gård (18 Zi. | Ramsättravägen 45 | Köpingsvik | Tel. 070 4922634 | www.solbergagard.se | €€)* mit Schafen, Schweinen und Pferden vermietet im Sommer wochenweise Ferienhäuser und -apartments. Im Selbstbedienungscafé gibt's Biokuchen und -obst, im Hofladen eigene Produkte und regionale Spezialitäten wie Sanddornmarmelade oder öländischen Käse.

VÄXJÖ (140 C3) (*C16*)

Die alte Universitäts- und Handelsstadt (81000 Ew.) ist Zentrum des *Glasriket* (Glasreich), in dem Schwedens traditionsreiche Glashütten stehen. Zwischen Växjö und Kalmar sind noch mehr als ein Dutzend Glashütten in Betrieb, die größtenteils besichtigt werden können. Die bekannteste *Glashütte* in Kosta *(Kosta Boda Glasbruk | Aug.–Juni Mo–Fr 9–10.30 u. 11.30–15.30, Sa/So 10–16, Juli tgl. 10–16 Uhr | Tel. 0478 34500 | short.travel/swe29)* bietet mit dem INSIDER TIPP *Kosta Boda Art Hotel (102 Zi. | Stora vägen 75 | Kosta | Tel. 0478 34830 | www.kostabodaarthotel.se | €€€)* eine stilvolle Übernachtungsgelegenheit. In Växjö beeindrucken der Dom mit dem Doppelturm und das moderne Konzerthaus. Zwischen 1850 und 1930 haben rund 1 Mio. Schweden ihr Land verlassen, um in Amerika ihr Glück zu suchen – diese Exilantenwelle steht im Mittelpunkt einer Dokumentation im Haus der Auswanderer, dem *Utvandrarnas Hus (Juni–Aug. tgl. 10–17 Uhr, Sept.–Mai Di–Fr 10–17, Sa/So 11–16 Uhr | Eintritt 70 SEK | www.kulturparkensmaland.se)*. *110 km nordwestlich*

CITY **WOHIN ZUERST?**

Das Auto stellen Sie am besten im Q-Parkhaus beim Hauptbahnhof ab, von wo Sie zu Fuß oder per Stadtbus in wenigen Minuten zum **Riberborgsstrand** gelangen. Von dort bestaunen Sie (im Café) das höchste Gebäude Schwedens, den Turning Torso, und haben die imposante Öresundbrücke mit Dänemarks Hauptstadt Kopenhagen im Blick. In Ihrem Rücken liegt die weitgehend autofreie Innenstadt für einen Bummel.

MALMÖ

(140 B5) (*B18*) **Schwedens drittgrößte Stadt (320000 Ew.) hat sich seit dem Bau der Öresundbrücke enorm verändert. Aus einer alten Industriestadt wurden ein Multikultiort und ein bedeutendes Kunst-, Architektur- und Gastronomiezentrum.**

Malmö ist zugleich Hauptstadt der Provinz Skåne (Schonen). Der historische Stadtkern liegt auf einer Insel direkt vor dem Hauptbahnhof. Ausflugsboote schippern über die Kanäle, eine herrliche Art, die Hafenstadt zu erkunden. Wer durch die weitgehend verkehrsberuhigten Gassen schlendert, fühlt sich wie in einer Kleinstadt. Ganz anders der neue Stadtkern: Hier reihen sich Plattenbauten an alte Bürgerhäuser.

SEHENSWERTES

GAMLA STADEN

In der Altstadt, dem historischen Stadtkern, gibt es jede Menge Geschäfte, Cafés und Restaurants, v. a. rund um den Marktplatz *Stortorget*. Keramik, Schmuck und

Textilien von lokalen Designern finden Sie im INSIDER TIPP *Laden der Formargruppen (Mo–Fr 11–18 Sa 11–16 Uhr | Engelbrektsgatan 8 | formargruppen.se)*.

MALMÖ KONSTHALL

Große Halle mit zeitgenössischer, zumeist nordeuropäischer Kunst. *Tgl. 11–17, Mi bis 21 Uhr | Eintritt frei | St. Johannesgatan 7 | www.konsthall.malmo.se*

MODERNA MUSEET ★

Malmös zweites Haus für zeitgenössische, vor allem nordeuropäische Kunst – in einem alten Elektrizitätswerk. Das Museum lädt Künstler ein, einige Monate in Malmö zu arbeiten und ihre Werke anschließend auszustellen. *Di–So 11–18 Uhr | Eintritt frei | Ola Billgrens plats 2–4 | www.modernamuseet.se/malmo/en/*

SLOTTET MALMÖHUS

Im ältesten erhaltenen Renaissanceschloss Nordeuropas gibt es außer dem Schlossmuseum auch eine Art Aquazoo sowie Ausstellungen zur Geschichte und Natur. *Tgl. 10–17 Uhr | Eintritt 40 SEK | Malmohusvägen 6 | www.malmo.se/museer*

Essen für jeden Geschmack und jeden Geldbeutel: Saluhallen

SLOTTSPARKEN

Der Schlosspark am Rand der Altstadt ist das zentrale Naherholungsgebiet der Malmöer. Alte Bäume, ein See und Wiesen machen ihn zum beliebten Ziel für freie Nachmittage und Abende.

TEKNIKENS OCH SJÖFARTENS HUS

Für Technikfans: Ausgestellt sind im Technik- und Schifffahrtsmuseum Fahrzeuge, Flugapparate, Boote und nautisches Gerät von der Wikingerzeit bis heute. Eine Dauerausstellung zeigt die Entwicklung Malmös von der Kaufmanns- und Handwerkerstadt bis zur Dienstleistungshochburg. *Tgl. 10–17 Uhr | Eintritt 40 SEK | Malmöhusvägen | www.malmo.se/museer*

VÄSTRA HAMNEN

Im ehemaligen Hafengebiet entstand ein niegelnagelneuer Stadtteil mit gestylten Häusern und INSIDER TIPP eigenen Stränden. Hier steht auch Malmös neues Wahrzeichen, das 54 Stockwerke hohe Büro- und Wohnhaus *Turning Torso (www.turningtorso.se)* – mit 190 m Höhe das höchste Wohnhaus Europas.

ESSEN & TRINKEN

ATMOSFÄR

Leichte Küche mit viel Fisch, eines der besten Restaurants des Landes. Da kann man darüber hinwegsehen, dass der Service in dieser Preisklasse besser sein könnte. *So geschl. | Fersens väg 4 | Tel. 040 12 50 77 | www.atmosfar.com |* €€€

SALT & BRYGGA

Meerestiere (z. B. gegrillte Muscheln und Bouillabaisse) stehen ganz oben auf der

Speisekarte der Küche, die ökologische Zutaten bevorzugt. *Sundspromenaden 7 | Tel. 040 6115940 | www.saltobrygga.se | €€*

SALUHALLEN

In den Markthallen in der Altstadt gibt es gleich eine Handvoll Restaurants – vom Schnellimbiss bis zum noblen Fischrestaurant. *So geschl. | Johan P. Lilla Torg | €–€€*

AM ABEND

SLAGTHUSET

Im alten Schlachthaus nördlich des Hauptbahnhofs trifft sich halb Malmö zum Trinken, Essen und Tanzen. *Jörgen Kocksgatan 7a | Tel. 040 6118090 | slagthus.se*

SPEGELN BAR & BISTRO

In diesem nostalgischen Kino aus den 1930er-Jahren gibt's Qualitätsfilme (in der Originalversion) und ein Bistro. Essen Sie kleine Snacks wie Lakritzpopcorn, oder genießen Sie Polenta mit Ziegenkäsecreme – mit oder ohne Film. *Mo 14–21, Di–Fr 14–23, Sa 12–23, So 12–21 Uhr; Essen: Mo–Do 16–21, Fr 14–21, Sa/So 12–21 Uhr | Stortorget 29 | Tel. 040 125978 | www.biografspegeln.se*

ÜBERNACHTEN

INSIDER TIPP CYKELHUSET OHBOY

Ein Drittel der Malmöer fährt täglich Rad, kein Wunder, dass es im coolen Viertel Västra Hamn ein Fahrradhotel gibt. Die Apartments liegen ebenerdig mit eigenem Eingang, Vorgarten und Fahrradparkplatz. Toll: Kostenloser Fahrradverleih. *31 Zi. | Lilla Varvsgatan 24 | Tel. 040 85606 | https://ohboy.se | €€*

MALMÖ CITY

In einem modernen Gebäude in der Innenstadt bietet die Herberge des

Neuer Stadtteil mit neuem Wahrzeichen im alten Hafen: Västra Hamnen

Schwedischen Tourismusverbands Einzel- bis 6er-Zimmer zu moderaten Preisen. *48 Zi. | Rönngatan 1 | Tel. 040 6116220 | www.svenskaturistforeningen.se | €*

MAYFAIR HOTEL TUNNELN

Der ehemalige Sitz des königlichen Statthalters und Übernachtungsort dänischer und schwedischer Könige wurde vor über 100 Jahren in ein Hotel umgewandelt – und gilt heute als eines der besten Traditionshäuser ganz Schwedens. Das Hotel bietet innerhalb der aus dem 13. Jh. stammenden Mauern jeglichen Komfort und verfügt über besondere Romantikzimmer und Familiensuiten. *79 Zimmer | Adelgatan 4 | Tel. 040 101620 | mayfairtunneln.com | €€€*

THE MORE HOTEL

Wohnen Sie lieber in einer Wohnung als im Hotelzimmer, dann ist dieses Studiohotel das Richtige für Sie. Es ist in der früheren Schokoladenfabrik Mazetti untergebracht. Funktionell und doch gemütlich. *68 Ap. | Norra Skolgatan 24 | Tel. 040 6 55 10 00 | www.themorehotel.se | €€*

AUSKUNFT

INFOPOINTS

Die Touristinfo wurde durch kleine *Infopoints* ersetzt, etwa im *Travelshop | Carlsgatan 4A | weitere Adressen unter: www.malmocity.se/en/turistinformation/*

LOW BUDG€T

Stenåsabadets Camping liegt wunderschön auf der östlichen Seite der Ostseeinsel Öland und bietet Stellplätze für Zelt oder Wohnwagen für rund 30 Euro die Nacht – auf Wunsch mit Stromanschluss. Wer's solider mag, mietet eine der Hütten für 60 Euro/Nacht. *Slagerstad | Mörbylånga | Tel. 0485 4 40 78 | www.stenasa.com*

Bernsteine gibt es auch in Schweden. Davon kann man sich im *Bernsteinmuseum* im Süden Ostschonens bei Ravlunda überzeugen. 1969 wurde hier ein über 10 kg schweres Stück gefunden. Gehen Sie in der Umgebung des Museums auf die Suche und finden Sie Ihren eigenen Bernstein – ganz umsonst. *Jan/Feb. Sa 11–15 Uhr, März–Mitte Mai Sa/So 11–15 Uhr, Mitte Mai–Dez. tgl. 11–17 Uhr | Eintritt 25 SEK | Södra Mariavägen 4 | Höllviken | www.brost.se*

ZIELE IN DER UMGEBUNG

FALSTERBO ● (140 B5) (*B18*)

Die Halbinsel im südwestlichsten Zipfel Schwedens gilt unter Vogelexperten als absoluter Geheimtipp: Mehrere hundert Millionen Zugvögel, die im Frühjahr nach Nordeuropa fliegen und sich bei Einbruch der kalten Jahreszeit wieder in Richtung Süden aufmachen, legen in Falsterbo einen Zwischenstopp ein oder überfliegen die Halbinsel in tiefer Höhe, bevor sie den Flug über die Ostsee in Angriff nehmen. Die feinen Sandstrände gehören zu den schönsten ganz Schwedens. Die Vogelwarte von Falsterbo veröffentlicht Zugvogel-Infos. *Falsterbo Vogelwarte | Tel. 040 47 06 88 | falsterbofagelstation.se*

HELSINGBORG (140 B4) (*B17*)

Die Geschichte der alten Hafen- und Handelsstadt Helsingborg (135 000 Ew.) geht bis ins 11. Jh. zurück. Auf einer Anhöhe nahe dem Hafen und dem zentralen Platz Stortorget sind noch Reste der alten Festung *Kärnan* erhalten. Vom Turm bietet sich eine schöne Aussicht über Stadt und Sund. Die älteren Stadtteile mit vielen alten Fachwerkhäusern finden sich nördlich des Stortorget. Helsingborg liegt an der engsten Stelle des Öresunds. An schönen Tagen empfiehlt sich eine kurze Schiffstour über den Sund mit einem Abstecher in die dänische Nachbarstadt Helsingør *(bis zu 70 Mal tgl. | Tour 35 SEK | www.hhferries.se)*. Etwas nördlich liegt *Sofiero (https://sofiero.se)*, die Sommerresidenz des schwedischen Kronprinzen Oscar, von Ende des 19. Jhs. Der Park ist ein echtes Blumenparadies mit einer Rhododendronschlucht und phantastischen Beeten. *65 km nördlich*

LUND ★ (140 B4–5) (*B18*)

Gemütliche Studentenstadt mit prächtigen Universitäts- und Kirchenbauten.

Ales Stenar: Das geheimnisvolle „Schiff" aus Steinen gibt zahlreiche Rätsel auf

Um 1000 n. Chr. gegründet, ist Lund (116 000 Ew.) eine der ältesten Städte Schwedens. Sie wurde bereits 1100 Sitz des Erzbischofs und in der Folge einer der kirchlichen und kulturellen Mittelpunkte Nordeuropas. Im Stadtbild ist das bis heute zu erkennen. Die Universität wurde im Jahr 1666 gegründet. Ein Highlight ist die wunderschöne Domkirche mit astronomischer Uhr und mystischer Krypta (im Sommer Führungen auch auf Deutsch: *short.travel/swe30)*.Der Mitte des 18. Jhs. von Carl Hårleman angelegte Park *Lundagård* vor der Kirche ist ein echtes Prachtstück schwedischer Gartenbaukunst. Nobel wohnt es sich im *Grand Hotel (83 Zi. | Bantorget 1 | Tel. 046 2 80 61 00 | www.grandilund.se | €€€)*, preiswerter in einem renovierten Stadthaus aus dem 19. Jh. namens *Lilla Hotellet (26 Zi. | Bankgatan 7 | Tel. 046 32 88 88 | www.lillahotellet.com | €€)*. *Auskunft: Turistbyrå | Botulfsgatan 1a | Tel. 046 359 50 40 | www.visitlund.se. 20 km nordöstlich*

YSTAD (140 C5) *(🕮 C18)*

In den Gassen von Ystad (29 000 Ew.) verfolgt Schwedens wohl berühmtester Kommissar, Kurt Wallander aus den Krimis von Henning Mankell, seine Täter. Die mittelalterliche Kleinstadt ist ein verschlafenes Nest. Doch gerade in dieser Ruhe besteht ihr Reiz. Die zahlreichen Fachwerkhäuser, die gut erhaltene Klosteranlage, die Gassen mit Kopfsteinpflaster und die Bewohner, die alle Zeit der Welt zu haben scheinen, versprechen einen entspannten Aufenthalt. Wer von Ystad aus 16 km die Küste entlangfährt, entdeckt das „Stonehenge Schwedens": Die 59 Steine von *Ales Stenar* sind in Form eines Schiffes angeordnet und schön gelegen auf einer Anhöhe über dem Dorf *Kåseberga*. Die Formation gibt der Wissenschaft bis heute Rätsel auf: Wann wurde sie errichtet? Was war ihr Zweck? War es eine Grabanlage oder vielleicht ein Sonnenkalender? Das Raten geht weiter. *Auskunft: Turistbyrå | Sankt Knuts Torg | Tel. 0411 57 76 81 | www.ystad.se. 60 km südöstlich*

DIE WESTKÜSTE

Keine andere schwedische Region bietet so abwechslungsreiche Küstenabschnitte wie die Westküste: feine Sandstrände mit bewachsenen Dünen in Halland und das felsige Ufer mit Schären in Bohuslän. Zu Recht nennen die Schweden den Abschnitt zwischen der norwegischen Grenze im Norden und Halmstad im Süden auch *Bästkusten* – beste Küste.

In der Hochsaison flanieren Einheimische und Touristen die Promenaden entlang und genießen nach einem erfrischenden Bad direkt am Meer frisch geräucherten Fisch. Kulturhistorischer Höhepunkt sind die Felszeichnungen von Tanum, die zum Unesco-Welterbe gehören. Während der Bronzezeit ritzten die Menschen hier Jagdszenen in Felsbrocken.

GÖTEBORG

(140 A2) (*🗺 B15*) **Obwohl die Stadt mit ihren 570 000 Ew. nur etwa halb so groß ist wie Stockholm, ist Göteborg mindestens genauso lebendig.**

Die Göteborger lieben es, draußen zu sitzen, sobald die Temperaturen es zulassen. In der zweitgrößten Stadt des Landes trifft man sich in den vielen Restaurants mit Terrasse, vor allem auf den Prachtstraßen wie Kungsportsavenyn oder Östra Hamngatan. Göteborg ist eine alte Handels- und Industriestadt, in der mittlerweile mehr und mehr das Dienstleistungsgewerbe eingezogen ist. Pompöse Bauten wie in Stockholm gibt es nur wenige.

 Bild: Inseln vor Fjällbacka, Västra Götaland

Sandstrände und Schären: Strandurlaub vom Feinsten an Schwedens kontrastreicher Westküste, der „Bästkusten"

WOHIN ZUERST?
Bei einer Fahrt mit dem **Wasserbus Älvsnabben** (Startpunkt: neben der **Oper**) erhalten Sie einen guten ersten Eindruck. Legen Sie bei gutem Wetter in Lindholmen einen Halt ein und bewundern vom stillgelegten Werftkran die Stadt aus der Vogelperspektive. Den Wagen parken Sie am besten im Nordstan-Parkhaus im Zentrum.

SEHENSWERTES

FESKEKÖRKA ★
Weil die Spitzbögen der 1874 erbauten Halle an ein Gotteshaus erinnern, tauften die Göteborger ihre Fischhalle kurzerhand *Feskekörka* (Fischkirche). Genauso sehenswert wie die Architektur sind die fangfrischen Meerestiere, die auch im zugehörigen Restaurant *(€€)* angeboten werden. *Mo–Fr 10–18, Sa 10–15 Uhr | Rosenlundsvägen | www.feskekörka.se*

GÖTAPLATSEN

Der am südlichen Ende der Kungsportsavenyn gelegene Platz wurde 1923 anlässlich des 300-jährigen Stadtjubiläums angelegt. Rund um den Poseidonbrunnen des schwedischen Künstlers Carl Milles sind Kunstmuseum, Stadttheater, Konzerthaus und Bibliothek angesiedelt.

Zu Fuß oder per Boot ein lohnendes Ausflugsziel: Göteborgs Hafen

GÖTEBORGER HAFENGEBIET ★

Das ehemalige Industrieviertel ist heute eine der interessantesten Gegenden der Stadt. Die *paddan,* flache Ausflugsboote, bringen Sie an den großen Anlegern vorbei in die Kanäle *(Abfahrt: Kungsportsplatsen | www.stromma.se/de/gothenburg)*. Zu Fuß gibt es am meisten rund um den *Packhuskajen* zu sehen. Dort liegen die an ein Schiff erinnernde *Oper,* der Turm *Utkiken* mit Café und Aussichtsplattform sowie das schwimmende Schifffahrtsmuseum *Maritima Centrum.*

GULDHEDENS VATTENTORN

Nicht weit vom Botanischen Garten entfernt, liegt der Wasserturm von Guldheden etwas versteckt auf einem Berg. Im Obergeschoss haben Sie INSIDER TIPP vom Café aus eine perfekte Aussicht über Stadt und Umgebung. Im Inneren versprüht das Café eine Atmosphäre zwischen Jugendherberge und Omas guter Stube. *Mo–Fr 11–21, Sa 11–18, So 11–20 Uhr | Dr. Sven Johanssons Backe 1 | www.guldhedstornet.se*

KONSTMUSEUM

Schwerpunkt der Sammlung bildet nordische Kunst, gezeigt werden Werke vom 15. Jh. bis heute. Die Fürstenberger Galerie im Obergeschoss präsentiert Bilder der nordischen Maler Ernst Josephson, Carl Larsson und Anders Zorn. *Di/Do 11–18, Mi 11–20, Fr–So 11–17 Uhr | Eintritt 60 SEK | Götaplatsen/Avenyn | goteborgs konstmuseum.se/*

KUNGSPORTSAVENYN ★

Viele Geschäfte, Restaurants und Bars säumen den Göteborger Prachtboulevard. Bereits im Frühjahr pulsiert auf den vielen Terrassen das Nachtleben. Die Kungsportsavenyn und ihre Verlängerung *Östra Hamngatan* führen vom

Hafen zum Götaplatsen. Die Gehsteige sind ganze 10 m breit.

LISEBERG

Nordeuropas größter Vergnügungspark. Außer Riesenrad und Achterbahn gibt es auch ein Kino, Shows sowie Restaurants und Bars. Die Balder-Bahn gilt als schönste Holzachterbahn der Welt. Wer's heftiger will, kann sich an der 2018 eröffneten *Valkyria* versuchen: da sausen Sie mit 105 km/h dem Abgrund entgegen. *Ende April–Mitte Okt., Öffnungszeiten und Eintrittspreise auf der Website – es gibt fast ebenso viele Ticketvarianten wie Attraktionen | Tel. 031 40 01 00 | liseberg.com*

MARITIMA CENTRUM

Am Packhuskajen vor der Oper sind im Maritimen Zentrum alte Segler, Kriegs- und Feuerschiffe sowie ein U-Boot vor Anker gegangen. *April Sa/So 11–16, Mai/Sept. tgl. 11–17, Juni–Aug. tgl. 10–18 Uhr | Eintritt 125 SEK | Packhusplatsen 12 | www.maritiman.se*

RÖDA STEN

Alternatives Kulturzentrum auf einem alten Fabrikgelände, das einen erweiterten Kunstbegriff pflegt und ausgefallenen und innovativen Künstlern einen Raum schafft. Das ganze Gelände dient jugendlichen Graffitikünstlern und solchen, die es gern werden wollen, als Experimentierfeld. Die Kunstförderung setzt hier früh an: Schon für Kinder ab dem vierten Lebensjahr werden Veranstaltungen angeboten. Wechselndes Programm mit Kunst, Musik und Tanz. *Di–So 12–17, Mi 12–19 Uhr | Eintritt 40 SEK | Röda Sten 1 | www.rodasten.com*

SÜDLICHE SCHÄREN

Die südlichen Schären der Stadt Göteborg lassen sich einfach per Straßenbahn (Endstation Saltholmen) und Fährschiff erreichen. Bis zur Jahrtausendwende waren sie aus militärischen Gründen für Ausländer gesperrt. Heute bestehen jedoch keine solchen Restriktionen mehr, und dem Besucher offenbart sich ein autofreies Idyll mit fast 5000 Einwohnern, die über ein

MARCO POLO HIGHLIGHTS

★ **Feskekörka**
In der Göteborger Fischkirche gibt es keinen Pfarrer und keine Kanzel. Hier werden Meerestiere bestaunt, gekauft und selbstverständlich auch gegessen → S. 57

★ **Göteborger Hafengebiet**
Im ehemaligen Industrieviertel gibt es einiges zu entdecken: etwa das schwimmende Schifffahrtsmuseum → S. 58

★ **Kungsportsavenyn**
Sehen und gesehen werden – so lautet das Motto auf Göteborgs Prachtstraße → S. 58

★ **Haga**
Perfekt für eine ausgiebige Shoppingtour: Göteborgs altes Arbeiterviertel → S. 60

★ **Tanums Hällristningar**
Die jahrtausendealten Felszeichnungen sind bestens erhalten – und Unesco-Welterbe → S. 63

★ **Festung von Varberg**
Uneinnehmbar thront die Festung am Meer → S. 65

★ **Kallbadhus**
Ein Stückchen Orient im schwedischen Westen → S. 65

Dutzend Inseln verteilt leben. Hier gibt es kleine Pensionen, Cafés, Restaurants und Lebensmittelgeschäfte, vor allem aber Ruhe und Meeresluft zu genießen. Hütten sind zu mieten.

VÄRLDSKULTURMUSEET

Das Völkerkundemuseum zeigt Objekte verschiedener Kulturen aus Mode, Kunst und Musik. *Di/Do/Fr 12–17, Mi 12–20, Sa/So 11–17 Uhr | Eintritt frei | Södra vägen 54 | www.varldskulturmuseet.se*

ESSEN & TRINKEN

CAFÉ BROGYLLEN

Sahnetortenfans werden diese Konditorei lieben. Aber auch Brotliebhaber kommen auf ihre Kosten. Von der kleinen Terrasse schöner Blick über den Großen Kanal. *Tgl. | Västra Hamngatan 2 | www.brogyllen.se*

LOW BUDG€T

Mit einer normalen Fahrkarte der Göteborger Verkehrsbetriebe *(www.vasttrafik.se)* dürfen Sie alle Schiffe nutzen, die im Stadtgebiet verkehren, z. B. auch die im Schärengarten zu den Inseln Styrsö und Vargö.

In der kleinen Provinz Dalsland zwischen Göteborg und Karlstad können Sie sich in *Bengtfors* (am Ende der Museumsbahn von Mellerud) für 140 SEK/Std. (390 SEK/Tag) eine Draisine mieten und auf den Schienen der stillgelegten Strecke 52 km in Richtung Årjäng in Varmländ fahren. Für die Rückreise empfiehlt sich eine Kanutour auf dem Dalslandkanal *(4 Tage ab 730 SEK | www.dvvj.com)*.

FOOD TRUCKS

Der *Jinx Food Truck (www.jinxfoodtruck.com | €)* hat seinen festen Platz auf der Magasinsgatan im neuen Hipsterviertel im Zentrum der Stadt. Die Herren Besitzer nennen ihre Schöpfungen „bastardisiertes asiatisches Essen". Die Schlangen zum Kauf der *Thaicos*, *Porc* und *Vego Buns* sind immer lang. Damit sich der Truck nicht so einsam fühlt, stehen die Laster von *Korv United (korvunited.se | €)* und die klassischen Heringsverkäufer von Strömmingsluckan *(www.strommingsluckan.se | €)* gleich daneben.

SJÖMAGASINET

Elchfleisch mit Preiselbeeren, gebeizter Lachs oder eingelegter Hering gefällig? Am feinsten genießen Sie diese Köstlichkeiten im Gourmetlokal Sjömagasinet im Süden der Stadt. Auch die Königsfamilie verkehrt hier – unbedingt reservieren! *So geschl. | Adolf Edelsvärdsgata 5 | Tel. 031 775 59 20 | www.sjomagasinet.se | €€€*

EINKAUFEN & FREIZEIT

★ *Haga,* das ehemalige Arbeiterquartier, hat sich zum beliebten Wohnort und zur Flaniermeile der Göteborger entwickelt. Mit Modegeschäften, Buchläden, Secondhandshops, Antiquitätenhandlungen und Cafés. *www.hagashopping.se*

Für viel Entspannung nach anstrengenden Einkaufstouren sorgt ein Besuch im INSIDER TIPP *Hagabadet (Södra Allégatan 3 | Tel. 031 60 06 00 | www.hagabadet.se)* einer Wohlfühloase in historischem Gebäude mit Massagen, Römischer Therme und preisgekröntem Restaurant.

AM ABEND

Die *Kungsportsavenyn* ist auch am Abend erste Wahl. Neben Restaurants und Cafés gibt es dort jede Menge Bars und Clubs. Im *Lounge(s) (Kungssportsavenyn 5)* können Sie auf verschiedenen Ebenen tanzen und sich danach auf der Dachterrasse abkühlen. Etwas trendiger sind die Lokale an der *Vasagatan* und der *Magasingatan*, z. B. das *Lou Lou (mit Restaurant, | Magasingatan 3 | loulougbg.co)*. Für Ballett-, Musical- und Opernfreunde lohnt sich ein Besuch der *Oper (Christina Nilssons Gata | Tel. 031 13 13 00 | www.opera.se)* am Hafen. Oder Sie besuchen eine der Abendveranstaltungen im Vergnügungspark *Liseberg (s. S. 59)*.

Hingucker in Göteborg: das moderne Opernhaus

ÜBERNACHTEN

INSIDER TIPP ANNES HUS

Das kleine Hotel in einem roten Holzhaus mit idyllischem Garten liegt in einer ruhigen Wohngegend, aber dennoch zentral. Es gibt drei Minisuiten und das Einzelzimmer Leopold. Besitzerin Anne präsentiert in einer Ausstellung ihre sieben Prinzipien für ein glückliches Leben. *4 Zi. | Hjulmakaregatan 35 | Tel. 031 20 94 00 | www.annes-hus.se* | €€

HOTEL WATERFRONT

Das Haus liegt direkt beim Anleger der Schiffe, die zwischen Göteborg und Kiel verkehren. Einige Zimmer bieten Blick aufs Wasser. INSIDER TIPP Im Sommer gibt es oft günstige Paketangebote für Familien oder den Besuch des Vergnügungspark Liseberg. *151 Zi. | Klippan 1 | Tel. 031 720 22 00 | www.hotelwaterfront.se* | €€€

BARKEN VIKING

Übernachten auf einem Schiff? In der Hafenstadt Göteborg geht das. Der 1907 gebaute Viermaster Viking liegt fest vertäut im Hafen. Die Zimmer sind – logisch! – im Marinestil eingerichtet. *29 Zi. | Lilla Bommens torg 10 | Tel. 031 63 58 00 | www.barkenviking.com* | €€

AUSKUNFT

TURISTBYRÅ
Kungsportsplatsen 2 | Tel. 031 3 68 42 00 | www.goteborg.com

ZIELE IN DER UMGEBUNG

KUNGÄLV (140 A1) (🕮 B15)
Im Hochmittelalter war Kungälv eine der größten Städte Norwegens, seit 1658 ist die heutige Kleinstadt (42 300 Ew.) schwedisch. Aus der norwegischen Zeit (14. Jh.) existiert noch die mächtige Festung *Bohus (April Sa/So 11–16, Mai–Sept. tgl. 10–18, Okt. Sa/So 11–16 Uhr | Eintritt 80 SEK | www.bohusfastning.com)* direkt vor der Stadt.
Sehenswert sind außerdem die Häuser aus dem 18. und 19. Jh. in der Västragatan und die fürs protestantische Schweden ungewöhnlich farbenfroh geschmückte Kirche mit ihren Barockelementen. *www.vastsverige.com/kungalv. 20 km nördlich*

LYSEKIL (140 A1) (🕮 A15)
Der historische Fischer- und Badeort (14 000 Ew.) erlebte seine Blütezeit im 18. Jh. durch die lukrative Heringsfischerei. Einige Häuser aus dieser Zeit sind heute noch erhalten. Im Museum Havets Hus *(Sept. 2018–April 2019 wegen Umbau geschlossen | Eintritt 120 SEK | Strandvägen 9 | www.havetshus.se)* sind mehr als 100 verschiedene Arten von Meeresbewohnern der Region zu sehen. *50 km nordwestlich*

Felsbilder von Tanum, vor mehr als 2500 Jahren in Stein geritzt

MARSTRAND (140 A1) (🕮 A15)
Auf einer Felseninsel in den Schären liegt dieses schmucke, im 13. Jh. gegründete Städtchen (1300 Ew). Sie erreichen Marstrand von Göteborg aus über die Brücke mit dem Auto oder einer schönen Bootstour. Im 17. Jh. entstand die *Carlstens-Festung (Juni/Aug. tgl. 11–16, Juli*

tgl. 11–18 Uhr, Sept.–Mai anfragen unter Tel. 030 36 11 67 | Eintritt 95 SEK | www.carlsten.se). Im Sommer wird Marstrand *(www.marstrand.org)* zu einem der Zentren des Segelsports an der Westküste. *20 km nordwestlich*

SMÖGEN (140 A1) *(🕮 A14)*
Ursprünglich ein Fischerort, hat sich Smögen längst zum attraktiven Badeort herausgeputzt. Im Sommer bringt ein Boot Besucher auf die winzige Schäreninsel Hallö. In dem Naturreservat sind viele Vogelarten und 130 verschiedene Gewächse beheimatet. *60 km nordwestlich*

TANUMS HÄLLRISTNINGAR ★
(142 A5) *(🕮 A14)*
Die Gemeinde Tanum ist berühmt für die vielen Zeichnungen, die vor über 2500 Jahren in Granitfelsen geritzt wurden. An mehr als 250 Stellen sind Felsbilder zu finden, die oftmals Jagdszenen darstellen. Sie wurden 1994 in die Welterbeliste der Unesco aufgenommen. Die größten Abbildungen gibt es in Vitlycke, etwas südlich von Tanum. Dort können Sie sich in einem Museum *(April Sa/So 11–16 Uhr, Mai–Aug. tgl. 10–18 Uhr, Sept. tgl. 10–16, Okt. Di–So 11–16 Uhr | Eintritt frei | Vitlycke 2 | www.vitlyckemuseum.se)* auch über die Entstehung der Zeichnungen und die Lebensbedingungen während der Bronzezeit informieren. *150 km nördlich*

TJÖRN (140 A1) *(🕮 A15)*
Gut mit dem Auto erreichbare Schäreninsel (15 000 Ew.) mit der einzigartigen rauen Natur der Westküste. Umfangreiche Freizeitangebote wie Schwimmen, Reiten und Wandern. Das neue nordische *Aquarellmuseum (Di–So 12–17 Uhr | Eintritt 50 SEK | Södra Hamnen 6 | Tel. 0304 60 00 80 | www.akvarellmuseet.org)* am Strand von Skärhamn stellt mitten in der Provinz renommierte Maler aus. Das Museumsrestaurant bietet schöne Ausblicke auf die unzerstörte Natur der Schären. INSIDER TIPP In den Gästeateliers (€), die auf Säulen im Wasser stehen, können Sie übernachten. Am nächsten Morgen geht's dann zum Aquarellkurs oder in die offene Malwerkstadt. *70 km nordwestlich*

HALMSTAD

(140 B3) *(🕮 B17)* **Die Hafenstadt (95 000 Ew.) ist das Zentrum der Region Halland. Sie erstreckt sich über weite Teile der nördlichen Laholmbucht.**
Im Stadtgebiet gibt es jede Menge Strände und schöne Uferpromenaden, die im Sommer gut besucht sind. Von den 1920er- bis in die 1970er-Jahre hinein arbeitete in der Stadt die *Halmstadgruppe*, ein Zusammenschluss surrealistischer Künstler. Deren Werke schmücken Rathaus und Stadtbibliothek. In einem Park am Ufer des Nissan stehen Skulpturen von Pablo Picasso sowie des schwedischen Bildhauers Walter Bengtsson.

SEHENSWERTES

GALGBERGET
Der bewaldete Hügel ist ein beliebtes Ausflugsziel. Vom Aussichtsturm des *Freilichtmuseums (11. Juni–14. Aug. tgl. 12–18 Uhr | von außen können die Gebäude stets besichtigt werden)* bietet sich ein guter Blick über die Stadt.

MJELLBY KUNSTMUSEUM
Das Museum zeigt Werke der legendären surrealistischen Künstlervereinigung *Halmstadgruppen* sowie wechselnde Ausstellungen anderer Künstler. Spannende Entdeckungspakete für Kinder. *Tgl. 12–17 Uhr | Eintritt 80 SEK | Mjellby Konstpark | www.mjellbykonstmuseum.se*

NORRE PORT

Das nördliche Stadttor wurde zu Beginn des 17. Jhs. als Teil der Stadtbefestigung des neuen Halmstad errichtet. Von dort aus führt die *Storgatan* mit ihren prächtigen alten Häusern zum *Stora Torget.* Auf der anderen Seite des Stadttores befindet sich der *Norre Katts Park,* ein kleines Naherholungsgebiet direkt am Fluss Nissan.

SCHLOSS ●

Das Anfang des 17. Jhs. vom dänischen König erbaute Schloss ist heute die Residenz des *landshövding* (Landeshauptmann) von Halland. Im wunderschönen Burghof finden im Sommer Konzerte und Theateraufführungen statt, im Winter gibt es hier einen Weihnachtsmarkt.

ESSEN & TRINKEN

HEAGÅRDS SKAFFERI

In einem Holzhaus aus dem 16. Jh. außerhalb von Halmstad werden ländliche Spezialitäten serviert; am Wochenende trifft man sich zum Brunchbuffet. *Tgl. | Heagård | Tel. 035 35967 | www.heagardsskafferi.se |* €€–€€€

STRAND

TYLÖSAND

Bekanntester Badestrand der Region mit langem Sand- und Klippenstrand. Auf dem Weg nach Tylösand liegt das *Miniland (Halmstad Äventyrsland | Juni–Aug. tgl. 10–18 Uhr | Eintritt 125 SEK | Gamla Tylösandsvägen 1 | Tel. 035 108460 | www.aventyrslandet.se)* – mit schwedischen Sehenswürdigkeiten en miniature. Im großzügigen Ambiente des ● *Tylösand Spa-Hotels (230 Zi. | Tylohusvägen | Tel. 035 30500 | www.tylosand.se |* €€–€€€*)* lässt es sich bei Massagen oder im Außenpool entspannen und im Restaurant Tylöhus kann man kleine kulinarische Meisterwerke genießen.

Strandvergnügen mit Sand und Felsen: Tylösand

ÜBERNACHTEN

TYLEBÄCK

Dieses ehemalige Ausbildungszentrum der schwedischen Armee in unmittelbarer Strandnähe ist in ein architektonisch interessantes Hotel verwandelt worden. Zimmer der gehobenen Klasse und günstige Unterkünfte für Familien und Gruppen. 69 *Zi. | Kungsvägen 1 | Tel. 035 19 18 00 | www.tyleback.se | €–€€*

AUSKUNFT

TURISTBYRÅ

Köpmansgatan 20 | Tel. 035 12 02 00 | www.destinationhalmstad.se

ZIELE IN DER UMGEBUNG

SIMLÅNGSDALEN (140 B3) *(🕮 B17)*

Dieses kleine Tal ist eine grüne Oase. Besonders im Hochsommer eignet es sich hervorragend für Spaziergänge, da die vielen Bäume Schatten spenden. Sehenswert ist auch der Wasserfall *Danska fall. 20 km östlich*

INSIDER TIPP STRANDSKATORNA

(140 B3) *(🕮 B17)*

In einer alten Schmiede designt und verkauft das Ehepaar Bodil und Kent coole Möbel und Produkte vom Schuhlöffel bis hin zum Kerzenhalter. *Skintaby Smedja | Harplinge | in der Regel Di–Do 12–18 Fr–So 12–16 Uhr | zur Sicherheit anrufen: Tel. 070 7 83 44 49 | www.strandskatorna.com 15 km nördlich*

TÖNNERSA FLYGSANDSFÄLT

(140 B3) *(🕮 B17)*

Ein Stück Sahara an Schwedens Küste: eine riesige Sandfläche mit Dünen und windzerzausten Bäumen zwischen Landstraße, Meer und dem Fluss Lagan (guter Ort zum Fischen!). *15 km südöstlich*

VARBERG

(140 B2–3) *(🕮 B16)* **Der traditionsreiche Kurort (60 000 Ew.) liegt direkt an der Nordsee. Dort, wo der Abstand zum dänischen Festland besonders gering ist, war Varberg lange bevorzugtes Angriffsziel der Nachbarn.**

Geblieben ist die beeindruckende Festung direkt am Meer. Varberg selbst entwickelte sich vom Kriegsschauplatz zum friedlichen Urlaubsort. Wo einst gegen die Dänen gekämpft wurde, gehen heute Besucher am Strand spazieren.

SEHENSWERTES

FESTUNG VON VARBERG ★

Schweden und Dänen kämpften lange Zeit um den Südwesten des heutigen Schwedens. Die auf einem Felsen gelegene massive Festung aus dem 13. Jh. sollte Eindringlinge, die vom Meer kamen, abhalten. Heute sind dort eine Jugendherberge *(39 Zi. | Varberg Fästning | Tel. 0340 8 68 28 | www.fastningensvandrarhem.se | €)*, ein Restaurant sowie das *Hallands Kulturhistoriska Museum (Sept.–Mai Mo–Fr 10–16, Sa/So 12–16, Juni–Aug. tgl. 10–18 Uhr | Eintritt 70 SEK)* untergebracht. Falls Sie sich gruseln wollen, schauen Sie sich unbedingt das wichtigste Exponat des Museums an: INSIDER TIPP den Bocksten-Mann, eine Moorleiche aus dem Mittelalter.

GETTERÖN

Hunderte Vogelarten können Sie auf dieser der Stadt vorgelagerten Insel beobachten. Im Herbst legen dort Zugvögel einen Zwischenstopp ein.

KALLBADHUS ★

Nur über eine hölzerne Brücke ist das auf Stelzen im Wasser stehende Badehaus zu erreichen. Mit den verspielten Ornamenten erinnert das 1820 errichtete Gebäude an orientalische Architektur. Mit zwei öffentlichen Saunen. Ihr Badezeug brauchen Sie nicht mitzunehmen. Gebadet wird hier nackig! *www.kallbadhuset.se*

TORGET

Der Marktplatz bildet das Zentrum von Varberg. Im Gegensatz zu vielen anderen schwedischen Orten hat er hier seinen ursprünglichen Charakter bewahrt. Statt Parkhaus, Supermarkt und Einkaufszentrum sind am Torget wie einst noch Rathaus, Kirche und Hotel versammelt.

ESSEN & TRINKEN

JOHN'S PLACE

Unschlagbare Lage direkt am Strand Apelviken. In dem verwitterten Holzhaus treffen sich Surfer, Afterworker und Touristen auf einen Drink an der Bar oder zum (fleischlastigen) Abendessen. Am besten reservieren! *Restaurant: Juni–Aug. tgl. ab 19 Uhr, Bar: tgl. 12–19 Uhr | Tångkörarvägen 4 | Tel. 0340 109 03 | johnsplace.nu* | €€

ESSEN & TRINKEN & ÜBERNACHTEN

VARBERGS KUSTHOTELL

Das imposante Spa-Hotel direkt am Meer bietet neben einem guten Restaurant auch gemütliche Zimmer und jede Menge Wellness: Massagen, ein Schwimmbad, ein vielfältiges Kursangebot (z. B. Yoga und Gymnastik) und und und. *125 Zi. | Nils Kreugers väg 5 | Tel. 0340 62 98 00 | www.varbergskusthotell* | €€–€€€

AUSKUNFT

TURISTBYRÅ

Västra Vallgatan 39 | Tel. 0340 8 68 00 | www.visitvarberg.se

ZIELE IN DER UMGEBUNG

INSIDER TIPP EJAS GÅRDSCAFE

(140 B3) (*B16*)

In diesem Eisparadies schmeckt es selbst Vierbeinern. Das wunderbare Hofcafé hat alles: vom klassischen Banana-Split bis zum trendigen Rawfood-Eis. Hunden wird Eis mit Elch-, Lachs- und Ochsenlebergeschmack serviert. *Dagsås 31 |*

SNUSEN ERLAUBT

Glimmstengel sind in Schweden selten zu sehen – nur rund jeder Sechste raucht. Nirgendwo sonst in Europa rauchen so wenig Menschen wie in Schweden. Dafür ist *snusen* weit verbreitet. Snus ist ein Tabak, der zwischen Lippe und Zahnfleisch geklemmt wird und dort Geschmack und Wirkung verbreitet. Obwohl die Meinungen darüber auseinander gehen, ob Snus genauso Krebs erregend ist wie Rauchtabak, ist Snus in keinem anderen Land der EU erlaubt. Schweden bekam wegen der langen Tradition des *snusens* eine Ausnahmegenehmigung. Das Rauchen in Gaststätten und Diskotheken ist seit dem Sommer 2005 verboten – für viele Schweden ein Grund mehr, zum Snus zu greifen. Eine der bekanntesten Sorten: der *Göteborgs Snus.*

Wer hätte das gedacht: Das reich verzierte Kallbadhus in Varberg birgt zwei Saunen

Tvååker | Öffnungszeiten auf der Website | www.ejas.n.nu | 15 km südöstlich

FALKENBERG (140 B3) *(B16)*
Stille Gassen und ein Fluss, der mitten durch den Ort (24 000 Ew.) fließt. Namen und Wappentier hat die Hafenstadt am Meer wegen der früher dort stark verbreiteten Falkenjagd bekommen. Außerdem ist Falkenberg ein Paradies für Angler: Der Fluss Ätran ist eines der lachsreichsten Gewässer der Gegend. *30 km südlich*

GALTABÄCK (140 B3) *(B16)*
Ein Fischerort, der seine Blütezeit Anfang des 20. Jhs. erlebt hat. Das *Schiffsmuseum (Båtmuseet | Juli/Aug. Sa/So 13–16 Uhr | Eintritt 30 SEK)* in der ehemaligen Lebensrettungsstation präsentiert historische Boote. *10 km südöstlich*

NIDINGEN (140 A2) *(B16)*
Auf der 300 000 m² großen Insel wurde 1645 Schwedens erster Leuchtturm errichtet. Seit Anfang des 19. Jhs. stehen dort zwei steinerne Doppelleuchttürme. Die Vegetation ist spärlich, das Vogelleben vielfältig: Die Insel beherbergt u. a. die seltenen dreizehigen Möwen. Im Sommer ist Nidingen per Boot von Skallahamn und Gottskär erreichbar. *30 km nordwestlich*

UGGLARP (140 B3) *(B16)*
Strand und Naturreservat mit altem Eichenbestand, Campingplatz und Ferienhäusern *(www.ugglarp.nu)*. In *Svedinos Bil och Flygmuseum (Mai/Sept. Sa/So 11–16 Uhr, Juni–Aug. tgl. 11–16 Uhr, Juli tgl. 11–18 Uhr | Eintritt 120 SEK | www.svedinos.se)* sind 140 historische Autos und 30 Flugzeuge ausgestellt. *40 km südlich*

MITTELSCHWEDEN

Vänern, Vättern und Hjälmaren – drei der vier größten Seen des Landes liegen in Mittelschweden; dazu zahllose kleinere Seen und Flüsse. Kanufahrer und Angler kommen auf und an Mittelschwedens Gewässern voll auf ihre Kosten.
Reiter und Wanderer dagegen erfreuen sich an den tiefen Wäldern, die große Teile Mittelschwedens bedecken. Stadtfreunden sei ein Abstecher nach Karlstad, Örebro und Uppsala empfohlen, die mit guten Straßen und Bahnverbindungen schnell erreichbar sind.

KARLSTAD

(142 B4) (*C13*) **Genau dort, wo der Klarälv, der längste Fluss Schwedens, in den Vänern, den größten See des Landes, mündet, liegt Karlstad (88 000 Ew.).**
Dem Stadtbild ist die über 400 Jahre alte Geschichte des Orts nicht anzumerken. Weil 1865 ein Brand große Stadtteile zerstörte, stammen die meisten Häuser aus dem 19. Jh. und der Zeit danach. Ein Besuch lohnt vor allem wegen der reizvollen Umgebung mit Strand und Wald.

SEHENSWERTES

ALMEN

Die alten Gebäude dieses Stadtviertels gehören zu den wenigen, die vom Brand im Jahr 1865 verschont geblieben sind. Dazu zählen die Residenz des Bischofs *(biskopsgården)* und die *Domkirche*, beide stammen aus dem 18. Jh.

 Bild: Kanutour auf dem Värmelnsee

Land der Seen und der Wälder: Mittelschweden ist ein Paradies für Paddler und Angler, für Wanderer und Reiter

MARIEBERGSSKOGEN

Der Stadtpark ist herrlich für Spaziergänge, es gibt einen Zoo, ein Freilichtmuseum und ein Strandbad. Anfang Juli verwandelt sich beim Musikfestival *Putte i Parken* der Park in ein riesiges Festgelände. *www.mariebergsskogen.se*

ESSEN & TRINKEN

BR. OLSSONS ELEKTRISKA

Die Vorspeisen heißen 16, 20 und 25 Ampere in dem ehemaligen Elektrohandel. Achtung: Bargeld wird nicht akzeptiert. *Tgl. | Drottninggatan 21 | Tel. 054 15 64 54 | olssonselektriska.se* | €€

FREIZEIT & SPORT

STRÄNDE

Im Stadtgebiet gibt es mehrere Bademöglichkeiten, sogar vorm Theater kann man ins Wasser springen. Etwas westlich außerhalb der Stadt liegen der große Sandstrand *Bomstad-Baden* mit Campinganlage und das Waldbad *Skutberget.*

WANDERN

Der 12 km lange Wanderweg *Frödingleden* führt von Karlstad ins südliche Alstertal. Es geht über Wald und Wiesen und vorbei an Badeseen.

AM ABEND

Im Opernhaus werden auch Musicals aufgeführt *(Älvgatan 49 | Tel. 054 2103 90 |*

Wie lebt ein Nobelpreisträger? Selma Lagerlöffs Studierzimmer in Mårbacka

www.wermlandopera.se). In der *nöjesfabriken (Karlagatan 42 | Tel. 054 22 22 00 | www.nojesfabriken.se)*, einer alten Fabrikhalle, können Sie verschiedene Bars besuchen und Livekonzerte hören.

ÜBERNACHTEN

ELITE STADSHOTELLET

Traditionsreiches, 1870 eröffnetes Nobelhotel in zentraler Lage direkt am Fluss. *138 Zi. | Kungsgatan 22 | Tel. 054 29 30 00 | www.elite.se |* €€€

AUSKUNFT

TURISTBYRÅ

Västra Torggatan 26 | Tel. 054 5 40 24 70 | www.visitkarlstad.se

ZIELE IN DER UMGEBUNG

ALSTERS HERRGÅRD (142 B4) *(🕮 C13)*

Der Gutshof von 1772, auf dem der Värmländer Dichter Gustav Fröding 1860 geboren wurde, ist heute ein beliebtes Ziel für Sonntagsausflüge. Hier gibt es ein Café, eine Galerie und einen Laden sowie eine wunderschöne Umgebung, Austellungen und im Sommer auch Konzerte. *Mai–Sept. tgl. 11–18 Uhr | Eintritt frei | www.karlstad.se/alstersherrgard. 10 km östlich*

ARVIKA (142 B4) *(🕮 B13)*

Servietten der Königsfamilie, Tischdecken fürs Nobelbankett – sie kommen aus dem winzigen Dorf Klässboll bei Arvika. INSIDER TIPP Klässbolls Leinenweberei ist seit 1970 königlicher Hoflieferant. Werfen Sie einen Blick in den Familienbetrieb, kaufen Sie ein und trinken Sie Kaffee im Café nebenan. *Klässbols Linneväveri | Damastvägen 5 | 671 95 Klässbol | short.travel/swe31. 75 km nordwestlich*

DALSLANDKANAL ● (142 B5) *(🕮 B14)*

Bevor die Eisenbahn für eine Zeit lang das Maß aller Dinge wurde, setzte man in Schweden bis in die zweite Hälfte des 19. Jhs. auf Wasserstraßen. Ein besonders schöner Kanal verbindet in der Provinz Dalsland die wichtigsten Seen und schafft so einen über 250 km langen, mit 31 Schleusen gespickten Wasserweg. Höhepunkt jeder Dalslandkanaltour ist die Kanalbrücke bei Håverud, die eine Stromschnelle überwindet und ihrerseits von je einer Bahn- und Straßenbrücke überspannt wird. Auskünfte über Bootsvermietung und Unterkünfte: *Dalslands Kanal AB | Nils Ericsons väg 1 | Upperud, Håverud | Tel. 0530 44750 | dalslandskanal.se*

FILIPSTAD (142 C4) *(▯ C13)*
Bergbau und Brot haben den Ort (11 000 Ew.) bekannt gemacht. Die Grubenanlagen sind zwar längst nicht mehr in Betrieb, manche sind aber zum Museum umgebaut worden, wie z. B. das *Nordmarksmuseum (Öffnungszeiten bitte tel. erfragen | Eintritt 40 SEK | Tel. 0590 50404 | an der 246 zwischen Filipstad und Hagfors | www.nordmarksmuseum.com)*. In der Nähe der Anlage kann gefischt werden.
Schweden ohne Knäckebrot? Unvorstellbar! Im Knäckebrotmuseum der Wasa-Bäckerei *(Eintritt frei | Di–Fr 11–18 Sa 10–14 Uhr | Konsul Lundströmsväg 11 | Tel. 0590 18282 | www.wasabrod.se/butik-museum)* erfahren Sie alles, was Sie schon immer über diese Spezialität wissen wollten. Einkaufen können Sie dort auch gleich. Die Sortenvielfalt wird Sie überraschen, wetten?! Das Unternehmen gehört übrigens seit 1999 der italienischen Nudelfirma Barilla. *www.visitfilipstad.se. 60 km nordöstlich*

KARLSKOGA (142 C4) *(▯ C13)*
Am nördlichen Ufer des Möckelnsees und am Fluss Svartälven gelegen, ist Karlskoga (30 000 Ew.) ein hervorragender Ausgangspunkt für mehrstündige oder -tägige Kanutouren *(z. B. Valåsens Kanotuthyrning | Lerängen 210 | Tel. 0705 632126 | www.valasenkanot.se)*. Alfred Nobel verhalf dem Ort zu wirtschaftlichem Aufschwung, als er das Eisenwerk Bofors übernahm. Das Haus samt Labor, in dem der Stifter des Nobelpreises etliche Erfindungen gemacht hat, kann besichtigt werden *(Juni–Aug. Di–So 11–16 Uhr, Sept.–Mai nur nach Anmeldung | Eintritt 100 SEK | www.nobelmuseetikarlskoga.se)*. *www karlskoga.se. 65 km östlich*

MÅRBACKA (142 B4) *(▯ C13)*
Das Zuhause der Schriftstellerin Selma Lagerlöf, Schwedens erster Nobelpreisträgerin und Autorin von „Nils Holgersson", beherbergt einen Gedächtnishof, einen schönen Garten, ein Café und jede Menge Infos über die weltbekannte Autorin und ihre Werke. *Besichtigung nur mit Führung, Details und Öffnungszeiten s. Website | Mai–Sept. Eintritt Grundstück 40 SEK, mit Führung 100 SEK | Tel. 0565 31027 | www.marbacka.com. 60 km nordwestlich*

MARCO POLO HIGHLIGHTS

★ **Motala**
Traumhaft liegt die Stadt an den Ufern des Vätternsees und des Götakanals → S. 74

★ **Domkyrka**
Der Dom zu Uppsala ist die größte Kirche Nordeuropas → S. 76

★ **Linnés Hammarby**
Das Blumenparadies des Botanikers Carl von Linné → S. 79

★ **Sigtuna**
Der Ort sieht aus wie ein Freilichtmuseum, so gut sind die alten Häuser erhalten → S. 79

ÖREBRO

(142 C5) (🕮 D13) **Sanft schlängelt sich der Fluss Svartån durch die Stadt (143 000 Ew.), um dann im Osten der Stadt in den See Hjälmaren zu münden.** Früher wurden die Gewässer als Handelsstraße auf dem Weg nach Stockholm genutzt. Auch heute ist die Stadt mit ihrem massiven Schloss und der reizvollen Lage am Fluss eine interessante Station auf dem Weg von der Hauptstadt ins Hinterland. Alle zwei Jahre, das nächste Mal 2019, findet dort im Sommer die spannende Kunstbiennale OpenArt *(short.travel/swe32)* statt.

SEHENSWERTES

ÖREBRO SLOTT

Das mächtige Schloss thront auf einer kleinen Insel im Fluss Svartån. Vorläufer gab es bereits im 13. Jh., in seiner heutigen Form existiert es seit Ende des 19. Jhs. Im Sommer tgl. Führungen, Buchung beim Turistbyrå. *Mo–Fr 11–18, Sa 10–15 Uhr | Eintritt 60 SEK | Tel. 019 212121 | www.visitorebro.se*

SVAMPEN

58 m hoher Wasserturm aus den 1950er-Jahren. Café. *Tgl. 10–18 Uhr | Eintritt frei | Dalbygatan 4 | www.svampen.nu*

WADKÖPING

Statt sie abzureißen, hat man seit 1965 einige von Örebros ältesten Häusern zu einem Freilichtmuseum mitten in der Stadt umgebaut. Ältestes Gebäude ist die *Kungsstugan,* ein rustikales, rotes Holzhaus aus dem 16. Jh. Im Sommer gibt es hier Konzerte, Puppentheater und einen Mittelaltermarkt. *Mai–Aug. tgl. 11–17 Uhr, Sept.–April Di–So 11–16 Uhr | Eintritt frei | www.orebro.se/wadkoping*

ESSEN & TRINKEN

FRÖKEN BROGRENS VERANDA

Frühstück, Afternoon Tea und Kuchen zum Reinsetzen – das Ganze in einem gemütlichen, kleinen Café mit Geschenk- und Einrichtungslädchen. Hier können Sie es sich gut gehen lassen. *Mo–Fr 9–18 Sa/So 9–16 Uhr | Lövstagatan 4 | Tel. 019 18 47 07 | www.frokenbrogrens.se*

FREIZEIT & SPORT

REITEN

Der Reiterhof in Ånnaboda bietet für Erwachsene und Kinder Reittouren auf Islandpferden sowie andere Abenteuer an. *Ab 35 Euro pro Std. | Tel. 0760 18 10 47 | www.ridaventyr.se. 20 km westlich.*

STRÄNDE

In der Umgebung von Örebro gibt es mehrere, meist kleine Strände am See Hjälmaren. Mit dem Bus erreichbar ist der von Wald umgebene Sandstrand *Dimbobaden.*

WANDERN

Der Wanderweg *Bergslagsleden* führt in 17 Etappen, zwischen 10 und 25 km lang, durch Wälder und über Wiesen an Örebro vorbei. Mit Auto oder Bus von Örebro gut erreichbar sind beispielsweise die jeweils 16 km langen Etappen Mogetorp–Blankhult oder Mogetorp–Digerberget.

ÜBERNACHTEN

CITY HOTEL ÖREBRO

Erstklassige Zimmer und guter Service mitten im Zentrum. Empfehlenswert ist die kleine Weinbar, die auch „schwedische Tapas" serviert. *115 Zi. | Kungsgatan 24 | Tel. 019 6 01 42 00 | www.cityhotelorebro.se* | €€

AUSKNFT

TURISTBYRÅ

Im Schloss | Tel. 019 212121 | visitorebro.se | Broschüre zum Download: visitorebro.se/infosidor/material/

ZIELE IN DER UMGEBUNG

ARBOGA (143 D4) (*D13*)

Im 13. Jh. war die Stadt (14 000 Ew.) bedeutender Handelsort und Tagungsplatz für Kirche und Adel. Weite Teile der mittelalterlichen Holzbebauung sind noch erhalten. Ein Gang über die Västerlanggåtan führt dem Besucher eindrucksvoll die alte Pracht vor Augen. Anfang August verwandelt sich die Kleinstadt während der Mittelalterwoche in ein Mekka der Geschichtsfestivalfreunde *(www.arbogamedeltid.se)*. Im *Arboga Museum (Di–Do 13–16, Sa 11–14 Uhr | Eintritt frei | www.arbogamuseum.se)* wurde das Heim des Großhändlers Anders Örström rekonstruiert, angeschlossen ein *Brauereimuseum*. Wenige Kilometer westlich des Stadtkerns liegt am Arbogafluss der *Gutshof Jädersbruk (Jäderbruks Herrgård | Tel. 0589 144 00 | jadersbruk.se)*. Hier betreiben Lola und Florian Baumgarten ein ökologisches Restaurant und veranstalten Kurse. *45 km nordöstlich*

GRÄNNA (142 C6) (*C15*)

Am östlichen Rand des Vättern-Sees ist Gränna (2500 Einw.) ein sehr beliebter Zwischenstopp auf der Fahrt durchs mittlere Schweden. Hier werden die berühmten rot-weißen Zuckerstangen *(polkagris)* hergestellt, und von hier aus versuchte der Abenteurer Salomon August Andrée, die Welt im Ballon zu entdecken. Ihm ist ein lokales *Museum (tgl. 10–16, Juni–Aug. bis 18 Uhr | Eintritt 70 SEK | Brahegatan*

Schlängelt sich sanft durch die hübsche Stadt: der Fluss Svartån

Prima Platz für eine Restaurantterrasse in Uppsala: am Fluss Frisån

38 | www.grennamuseum.se) gewidmet. Gränna ist zudem Ausgangpunkt der Überfahrt per Fähre auf die *Insel Visingsö. www.visingso.net. 180 km südlich*

GRYTHYTTAN (142 C4) *(🕮 C13)*
In dem Dorf (1000 Ew.) treffen klassische rote Holzhäuser auf modernste Architektur. Um den zentralen Platz *torget* stehen Häuser des 17. Jhs. Das futuristische ● *Måltidens Hus* diente als schwedischer Pavillon der Weltausstellung in Sevilla 1992. Heute ist hier ein Museum eingerichtet, das sich dem Thema Essen und kulinarischer Kunst widmet. Außerdem: Kochbuchmuseum, Kochhochschule und Restaurant. *Mo–Fr 10–16 Uhr | Eintritt frei | www.maltidenshus.com | Sörälgsvägen 4. 70 km nordwestlich*

LINKÖPING (143 D6) *(🕮 D14–15)*
In der Industriestadt (152 000 Ew.) können Sie eine Zeitreise machen in Schwedens ältestem ● *Museumsdorf Alt-Linköping (Mo–Fr 10–17, Sa/So 11–16 Uhr | Eintritt frei | Stadtbusse 3, 12, 13 | www.gamlalinkoping.info)* in der Nähe des Stadtzentrums. Moderner und martialischer geht es im Museum der schwedischen Luftwaffe *(Flygvapenmuseum | tgl. 11–17, Mi 11–20 Uhr, Sep.–Mai Mo geschl. | Eintritt 80 SEK | Carl Cederströmsgatan | Stadtbus 13 | www.flygvapenmuseum.se)* zu, deren Militärjet Jas Gripen bis heute in den Saabwerken hergestellt wird.

MOTALA ★ (142 C6) *(🕮 D14)*
Die in einer Bucht am nordöstlichen Ufer des Vättern gelegene Stadt (43 000 Ew.) ist ein zentraler Punkt am Götakanal, der Göteborg mit Stockholm verbindet. Graf Baltzar von Platen, unter dessen Regie der Kanal vor rund 200 Jahren erbaut wurde, liegt hier direkt an seinem Lebenswerk begraben. Das *Kanalmuseum (Mai–Sept. tgl. 11–17 Uhr | Eintritt 40 SEK | Varvsgatan | short.travel/swe14)* informiert über die Geschichte des Baus. *95 km südlich*

NORA (142 C4) *(🕮 D13)*
Eine der am besten erhaltenen Holzstädte Schwedens. Die meisten Gebäude stammen aus dem 18. und 19. Jh. und werden heute noch bewohnt. Nora (10 000 Ew.) bekam 1643 Stadtrechte und wurde später zur Wiege des schwedischen Eisenbahnbaus. Das Bahnhofsgebäude aus rotem Backstein liegt am See, nebenan können Sie in alten Schlafwagen übernachten *(50 Betten | Mai–Sept. | Tel. 0587 146 76 | www.norataghem.se)* oder den im Sommer mehrmals täglich fahrenden Museumszug besteigen *(Juni–Aug. | Tel. 0587 103 04 | www.nbvj.se)*. *30 km nordwestlich*

NORRKÖPING (143 D6) *(🕮 D14)*
Auch wenn Sie im Urlaub vielleicht nicht unbedingt an Arbeit erinnert werden wollen, im *Museum der Arbeit (Laxholmen | tgl. 11–17 Uhr | Eintritt frei | www.arbetetsmuseum.se)* in der Industriestadt Norrköping (135 000 Ew.) gibt es Spannendes zu entdecken. Es liegt in einer alten Papierfabrik. Das *Kunstmuseum (Di–So 11–17 Uhr | Eintritt frei | Kristinaplatsen)* zeigt schwedische Kunst des 20. Jhs. *120 km südöstlich*

ÖDESHÖG (142 C6) *(🕮 C15)*
Die malerische Ortschaft (5000 Ew.) wird vom Holaved-Wald umgeben. Dort verstecken sich zwischen Bäumen, Seen und Hügeln um eine ehemalige „Wood Ermitage" (Waldsiedlung) herum INSIDER TIPP sieben moosbedeckte Hütten und Baumhäuser *(Bed & Breakfast Urnatur | Sjögetorp 3 | Tel. 0144 102 34 | www.urnatur.se | €€–€€€)*, die gemietet werden können. Ein Paradies für Ruhesuchende, die eine Auszeit brauchen: Hier gibt es weder Strom noch drahtloses Internet, dafür Ruderboote, Feuerstellen – und jede Menge Natur. *150 km südlich*

VADSTENA (142 C6) *(🕮 C14)*
Die Heilige Birgitta ist die mit Abstand berühmteste Heilige im protestantischen Schweden. In Vadstena (5500 Ew.) am See Vättern gründete sie angeblich göttlichen Offenbarungen folgend im 14. Jh. den Birgitten-Orden. Egal ob Sie daran glauben oder nicht – ein Besuch der Klosteranlagen *(Mitte Juni–Mitte Aug. 10–17.30 Uhr, sonstige Zeiten s. Website | Eintritt 80 SEK | short.travel/swe15)* ist spannend. Acht Nonnen leben noch in der Abtei Pax Mariae. Wie genau ihr Alltag durchgetaktet ist, können Sie auf der humorvollen (deutschen) Website lesen. Im angeschlossenen Gästehaus *(19 Zi. | S:ta Birgittas kloster Pax Mariae | Myntbacken 2 | Tel. 0143 109 43 | birgittaskloster.se | €)* lässt es sich in wohltuender Ruhe günstig übernachten.

UPPSALA

(143 E4) *(🕮 E13)* **Charme, Geschichte und Kultur in großem Stil, aber ohne den Stress einer großen Stadt – das ist in Uppsala.**

25 000 Studenten prägen den Charakter der viertgrößten Stadt Schwedens (155 000 Ew.). Neben der ältesten Universität Nordeuropas, dem mächtigen Dom und dem zentral gelegenen Schloss gibt es viele nette Cafés und Restaurants. Der Fluss Fyrisån teilt die Stadt. Jedes Jahr am 30. April findet dort das traditionelle Floßrennen mit selbst gebauten Gefährten statt – je phantasievoller desto besser.

SEHENSWERTES

BOTANISKA TRÄDGÅRD
Ganz kostenlos und ganz bezaubernd ist ein Besuch im botanischen Garten, Schwedens ältestem. Mit Barockgarten,

Orangerie und einem Regenwald. In der alten INSIDERTIPP Backstube des Gärtnermeisters können Sie im Sommer im *Café Victoria (Mai–Aug. Mo–Fr 10–17, Sa/So 11–17, Sept. Mo–Fr 11–16, Sa/So 11–17 Uhr)* ökologisch korrekt essen. So mancher Kuchen ist mit Blumen aus dem Garten dekoriert. *Villavägen 6–8 | Mai–Okt. 7–21, Sept.–April 7–19 Uhr | Eintritt frei | short.travel/swe33*

DOMKYRKA ★

Die Turmspitzen des 119 m hohen Doms zu Uppsala sind von jeder Stelle der Stadt aus zu sehen. Das Gotteshaus aus dem 13. Jh. ist die größte Kirche Nordeuropas. In ihrer jetzigen Form steht sie seit einer Renovierung Ende des 19. Jhs. *(Tgl. 8–18 Uhr)*

GAMLA UPPSALA

Viele Mythen ranken sich um die drei majestätischen *Königshügel* (*short.travel/swe34)* aus dem 6. Jh. Angeblich wurden in Gamla Uppsala einst Menschen geopfert und große Götterfeste gefeiert. Die grasbewachsenen Anlagen sind auf jeden Fall der perfekte Ort, um mehr über vorchristliche Riten und Bräuche zu lernen.

> **CITY WOHIN ZUERST?**
> Parken Sie in der Zentrumsgarage gleich hinter dem neuen **Hauptbahnhof** und marschieren Sie vom Stadtzentrum am Fyrisån-Fluss die Drottinggatan („Königinnenstraße") hinauf zur Universitätsbibliothek Carolina Rediviva. Dabei genießen Sie einen schönen Überblick über die Stadt. Fast alle Sehenswürdigkeiten des „schwedischen Oxford" befinden sich in unmittelbarer Nähe, sei es das Schloss, der englische Park, der Dom oder das Hafenbecken.

In der *Odinsborg (www.odinsborg.nu)* gleich nebenan, einer Kneipe im Wikingerstil, wird INSIDERTIPP süßes Bier in Elchhörnern serviert. Spannend ist auch das *Alt-Uppsalamuseum (Jan–März/Okt–Dez. Mo/Mi/Sa/So 12–16, April/Mai/Sept. tgl. 10–16, Juni–Aug. tgl. 11–17 Uhr | Eintritt 80 SEK | Tel. 018 23 93 12 | short.travel/swe16.*

LINNÉTRÄDGÅRDEN

Im einstigen Zuhause des berühmtem Botanikers Carl von Linné werden dessen Forschungsarbeiten an Pflanzen anschaulich dokumentiert. Das Haus ist größtenteils noch originalgetreu wie zu Linnés Zeiten im 18. Jh. eingerichtet. Sehenswert ist auch der große Garten vor dem Haus mit den unterschiedlichsten Pflanzen. *Mai Di–So 11–17, Juni–Aug. tgl. 11–17, Sept. Fr–So 11-17 Uhr | Eintritt 80 SEK | Svartbäcksgatan 27 | www.linnaeus.uu.se*

SLOTT

Auf der höchsten Erhebung der Stadt liegt das von König Gustav Vasa im 16. Jh. als Festung angelegte Schloss. Hier hat Schwedens wohl berühmteste Königin, Kristina, ihre Krone zurückgegeben. Schöner Blick über die Stadt. Neues Café in alten Gemäuern: Im angeschlossenen Slottets Café gibt's leckere Sandwichs und Selbstgebackenes. Im Sommer kann man draußen sitzen. *Di/Mi 12–16, Do 12–20, Fr–So 12–16 Uhr | Eintritt frei | www.uppsalakonstmuseum.se*

UNIVERSITETET

Schon 1477 wurde Uppsalas Hochschule gegründet. Das imposante Hauptgebäude im italienischen Renaissancestil wurde 1887 eingeweiht. Dort hängt ein Großteil der Kunstsammlung der Hochschule. Sehenswert sind auch die prachtvolle Aula sowie die Hauptbibliothek, die *Carolina Rediviva,* die in einem eigenen Gebäude untergebracht ist. Innen warten 5 Mio. Bände unter Kronleuchtern in weitläufigen Sälen auf Leser.

Im *Haus Gustavianum* können Sie das 1662 konstruierte INSIDER TIPP *anatomiska teatern* (Anatomisches Theater) bestaunen. Damit alle Medizinstudenten den Obduktionen des Professors folgen konnten, wurden die Bänke des Hörsaals extrem steil angelegt – wie in einem Theater können die hinteren Ränge über die Köpfe der vorderen hinwegschauen. Die Ränge sind zudem sehr eng. Zur Ohnmacht neigende Studenten konnten so nicht umkippen. *Sept.–Mai Di–So 11–16, Juni–Aug. Di–So 10–16 Uhr | Eintritt 50 SEK | www.gustavianum.uu.se*

ESSEN & TRINKEN

GÜNTHERSKA HOVKONDITORI

Es heißt, dass die Kinder, die diese Familienkonditorei in fünfter Generation betreiben, praktisch in der Backstube geboren wurden. Ihr Können zeigt sich bei wunderbarem Backwerk und feinen kleinen Gerichten. *Tgl. 9–18 Uhr / Östra Ågatan 31 / www.guntherska.se /* €

STATIONEN

Drei auf einen Streich. Im alten Bahnhof der Stadt liegt ein Restaurant mit dem passenden Namen. Hier gibt's eine Brasserie à la Paris, ein Café mit römischem Touch und eine Londoner Bar. *So/Mo 10–23, Di 10–24, Mi/Do 10–1, Fr/Sa 10–2 Uhr | Olof Palmes Plats 6 | Tel. 018 15 35 00 | stationen.se |* €€

VILLA ANNA

Preisgekröntes Restaurant in einem klassischen Viertel, das schwedische Spezialitäten aus lokalen, ökologischen Zutaten und mehrgängige Degustationsmenüs anbietet. *Tgl. | Odinslund 3 | Tel. 018 5 80 20 00 | www.villaanna.se |* €€€

Großer Dom = große Persönlichkeit: In Uppsala hat der Erzbischof (hier: eine Frau!) seinen Sitz

FREIZEIT & SPORT

LENNAKATTEN

Eine der längsten Museumseisenbahnen Schwedens lädt zu einem Ausflug in die Umgebung von Uppsala ein. Mit der Dampflok geht es zum ehemaligen Knotenpunkt *Marielund* oder zum Familienbad in *Fjällnora*. Die Züge verkehren von Juni bis September täglich. Die Mitnahme von Fahrrädern ist möglich. Die Bahn fährt in der Nähe des neuen Hauptbahnhofs von Uppsala ab. *www.lennakatten.se*

AM ABEND

INSIDER TIPP KATALIN

Bar, Restaurant und Musikklub in einem. Preiswertes Essen und Konzerte internationaler und schwedischer Musiker. Treffpunkt von Jazz- und Soulfreunden. *Godsmagasinet Östra Station | Tel. 018 14 06 80 | www.katalin.com*

LOW BUDG€T

Tolle Unterkunft zu gutem Preis: In INSIDER TIPP Selmas Hytt & Salong schlafen Sie auf dem Wasser des Fyrisån. Die Jugendherberge liegt auf einem Schiff, die Premiumzimmer haben große Fenster zum Fluss. *15 Zi. | Östra Ågatan 93 | Tel. 076 6 00 25 20 | selmashytt.se | €*

Von Grisslehamn (bei Uppsala) fahren mehrmals täglich Ostsee-Fähren auf die zu Finnland gehörenden *Ålandinseln (Fahrzeit ca. 2 Std. | ab 40 SEK/Hin- und Rückfahrt | www.eckerolinjen.se)*. Entlang der mittelschwedischen Ostseeküste bieten zudem staatliche Fährschiffe kostenlose Überfahrten auf vorgelagerte Inseln und Schären an *(www.trafikverket.se/farjerederiet/)*.

ÜBERNACHTEN

AKADEMIHOTELL

Erste Wahl für alle, die preiswert und zentral in schönem Ambiente wohnen wollen. Das Hotel gehört zur Universität, sein ältester Gebäudeteil stammt von 1698. *38 Zi. | Övre Slottsgatan 5 | Tel. 018 15 51 90 | www.akademihotellet.uu.se | €€*

GRAND HOTELL HÖRNAN

Luxuriöses Haus in prachtvollem Gebäude mitten im Zentrum. *37 Zi. | Bangårdsgatan 1 | Tel. 018 13 93 80 | www.grandhotellhornan.com | €€€*

VILLA ANNA

Elegantes und familiäres Hotel, zu dem auch ein Restaurant (s. S. 77) gehört. *11 Zi. | Odinslund 3 | Tel. 018 5 80 20 00 | www.villaanna.se | €€€*

AUSKUNFT

TURISTBYRÅ

Kungsgatan 59 | Tel. 018 7 27 48 00 | www.destinationuppsala.se

ZIELE IN DER UMGEBUNG

INSIDER TIPP HÄRKEBERGA

(143 E4) *(E13)*

Kirchen sind eigentlich nicht so Ihr Ding? Dann lassen Sie sich in Härkeberga eines Besseren belehren. In der kleinen *Härkeberga Kyrka (Mai–Sept tgl. 10–17, Okt.–April Fr/Sa/So 10–15 Uhr, Audioguide auf Deutsch)* aus dem 15. Jh. ist jeder Zentimeter Wand bemalt: mit Bibelfiguren, grotesken Ungeheuern, witzigen Moralgeschichten. Der berühmte

Zeitreise ins Mittelalter: Ritterspiele im Schloss Skokloster

Kirchenmaler Albertus Pictor hat so den Gottesdienstbesuchern des Mittelalters, die kein Wort der (lateinischen) Predigt verstanden, die Bibel nähergebracht. Samstags führen Freiwillige durch die Kirche. Im 10 km entfernten Härnevi steht eine ähnlich imposante Kirche. Im dortigen *Sommercafé (Juli–Mitte Aug. 11–18 Uhr)* können Sie sich im Garten bei Kaffee und Kuchen entspannen. *40 km südwestlich*

LINNÉS HAMMARBY ★
(143 E4) *(🕮 E13)*

Typisch rot-weiße Holzhäuser, umgeben von einem Park, der schön angelegt ist, ohne steril zu wirken. 19 Jahre lebte der Botaniker Carl von Linné in den Sommermonaten in Hammarby. Ein großer Teil der Blumenvielfalt, die er im Garten anpflanzte, ist noch erhalten. Der Staat hat das Grundstück 1879 gekauft und Linné ein kleines Museum gewidmet. *Park Mai/Sept. Fr–So 11–17, Juni–Aug. Di–So 11–17 Uhr. Museum nur mit Führung. Eintritt 80 SEK | short.travel/swe35 15 km südöstlich*

SIGTUNA ★ (143 E4) *(🕮 E13)*

Das kleine Städtchen (8 500 Ew.) am See Mälaren ist eine Art bewohntes Freilichtmuseum. Alte Holzhäuser prägen den Stadtkern. Im 11. Jh. war Sigtuna Bischofssitz und eine der größten Städte des Landes. *destinationsigtuna.se. 30 km südlich*

SKOKLOSTER (143 E4) *(🕮 E13)*

Das zu schwedischen Großmachtzeiten um 1650 erbaute Schloss wurde nie vollkommen fertig gestellt, der Bankettsaal ist immer noch eine Art Baustelle des 17. Jhs. Das Gebäude ist aber noch in sehr gutem Zustand und auch wegen der interessanten Kunstsammlung einen Besuch wert. Was nur wenige wissen: Hier hängt unter anderem Giuseppe Arcimboldos berühmtes Gemälde des Kaisers Rudolph II. als Vertumnus. Im Sommer legt der Dampfer (Uppsala–Stockholm) direkt beim Schloss an. *Mai Sa/So 12–16 Uhr, Juni–Aug. tgl. 11–17 Uhr, Sept. Sa/So 11–16 Uhr | Tel. 08 4 02 30 70 | www.skoklostersslott.se. 20 km südlich*

DER MITTLERE NORDEN

Im mittleren Norden Schwedens finden Sie Schwedenidylle pur. Trachten und Volkstanz sind hier beliebter als anderswo. Aus der Gegend kommen auch die berühmte rote Farbe für die Häuser und die orangefarbenen Holzpferdchen, die Dalahästar.

Wer die Einsamkeit liebt, wird sich im mittleren Norden wohlfühlen. In der Provinz Härjedalen z. B. kommt auf jeden Quadratkilometer weniger als ein Einwohner – was auch Wölfe, Bären und Elche schätzen.

Mit Carl Larsson und Anders Zorn haben gleich zwei berühmte schwedische Maler ihre Wurzeln in der Region, auch die Schriftstellerin und Nobelpreisträgerin Selma Lagerlöf hat lange hier gearbeitet. Die Region Dalarna ist mit ihren Feldern und Wiesen, den sanften Hügeln und waldreichen Bergen eine der reizvollsten Gegenden Schwedens. Eingebettet in die malerische Landschaft von Dalarna, liegt 160 m über dem Meeresspiegel der See Siljan, an den sich zahlreiche kleine und mittelgroße Ortschaften reihen. In Jämtland im Nordwesten, an der Grenze zu Norwegen, erheben sich die schwedischen Berge, *fjällen* genannt. Zur Gegend gehört auch Höga Kusten, die spektakulärste Küstenregion der Ostsee, die zum Welterbe der Unesco zählt.

FALUN

(143 D3) (*🕮 D12*) ★ **Als wäre ein Meteorit eingeschlagen, klafft ein riesiges**

Bild: Höga Kusten

Sanfte Hügel, stille Buchten: Zwischen Wiesen und waldreichen Bergen schlägt das traditionsverbundene Herz Schwedens

Loch unmittelbar vor der Einfahrt nach Falun (57 000 Ew.). Es ist die jahrhundertealte Kupfergrube, das Wahrzeichen der Stadt in der Provinz Dalarna. Die verbliebenen prachtvollen Gebäude zeugen vom ehemaligen Reichtum. Stadt und Grube zählen zum Unesco-Welterbe.

SEHENSWERTES

DALARNAS MUSEUM

In keiner anderen schwedischen Gegend wird der Brauchtumspflege so viel Bedeutung beigemessen wie in der Region Dalarna. Das Haus widmet sich der Volkskunst und zeigt Malerei, Musikinstrumente, Trachten sowie Kupferhandwerk. *Di–Fr 10-17, Sa/So 12-17 Uhr, | Eintritt frei | Stigaregatan 2–4 | www.dalarnasmuseum.se*

KOPPARBERGET

Beeindruckend ist ein Blick in den Krater der erst Ende des 20. Jhs. stillgelegten Grube. Im *Världsarvshuset (Welterbehaus)* wird die lange Geschichte des Kupfer-

62 m unter der Erdoberfläche: stillgelegte Kupfergrube in Falun

erzabbaus anschaulich mit Filmen und Computeranimationen gezeigt. Am spannendsten ist jedoch eine Führung durch die alte Grube. Sie wandern bis zu 70 m unter die Erde. Buchung online via Homepage. Dort finden Sie auch Infos über die Öffnungszeiten. *Eintritt Museum: 110 SEK, Grubenbesichtigung inkl. Museum 230 SEK | Gruvgatan 44 | Tel. 023 78 20 30 | www.falugruva.se*

RÖDFÄRGSVERKET

Traditionell sind schwedische Holzhäuser kupferrot gestrichen. Die Farbpigmente waren ursprünglich ein Nebenprodukt bei der Kupfererzgewinnung. In der Faluner Fabrik können Gruppen nach Anmeldung beim Produktionsprozess zuschauen. *Führung in der Fabrik vorab telefonisch buchen | Tel. 023 78 20 30 | Falu Rödfärg, neben der Grube | falurodfarg.com*

TRÄSTADEN

Die Stadtteile Elsborg, Östanfors und Gamla Herrgården bilden die so genannte *Trästaden* (Holzstadt). Die Holzhäuser blieben vom großen Brand 1761 verschont. Hier sehen Sie, wie Bergarbeiter vor 300 Jahren lebten. In Elsborg entstand im 17. Jh. die erste Einfamilienhaussiedlung Schwedens.

ESSEN & TRINKEN

BANKEN BRASSERIE

Vorzügliche schwedische und internationale Küche, mittags zum günstigen Menüpreis, abends oft mit Livemusik und à la carte. Das Ganze im exklusiven Ambiente einer ehemaligen Bank, auf der Terrasse oder im mit teuren Weinflaschen gefüllten Untergeschoss *(Två Rum & Kök)*. *So geschl. | Åsgatan 41 | Tel. 023 71 19 11 | www.bankenfalun.se |* €€–€€€

FREIZEIT & SPORT

Auf einer kleinen Hochebene über der Stadt liegt das Sportzentrum *Lugnet*. Hier können über 70 Sportarten ausgeübt werden. Seit den 1970-er Jahren sind dreimal Nordische Skiweltmeisterschaften abgehalten worden – zuletzt 2015. Als Wahrzeichen Faluns gelten die Türme der Sprungschanzen. Die *große Schanze (tgl. 10–18 Uhr | Eintritt 50 SEK | Lugnetvägen)* dient im Sommer als Aussichtsturm und eröffnet einen phantastischen Blick auf den See Runn mit seinen mehr als 100 Inseln. Zudem gibt es ein *Museum (tgl. 10–18 Uhr)* für Skiinteressierte. *Lugnet* bietet im Sommer ein Freibad mit Wasserrutschen und – das ganze Jahr über – Campingmöglichkeiten. Für einen Ausflug bietet sich auch der See Runn an – schön zum Baden ist z. B. die Landzunge *Roxnäs*. Im Ferienpark *Främby Udde* können Sie Wasserski fahren, baden oder Kanus mieten.

ÜBERNACHTEN

FRÄMBY UDDE

Direkt am schönen Runnsee auf einer Landzunge gelegen, sieht das aus dem 19. Jh. stammende Haupthaus der Anlage aus wie die Villa Kunterbunt. Dort wird gegessen und es finden Kulturveranstaltungen statt. In den modernen Holzhäuschen am Strand schläft es sich das ganz Jahr über gut. *30 Zi. | Tel. 023 129 00 | www.frambyudde.se* | €€

RANKHYTTANS HERRGÅRD

Das kleine, stilvolle Hotel im Herrenhaus ganz in der Nähe des Sees Runn verfügt u. a. über ein Spa-Bad. Neben den Zimmern werden auch Ferienwohnungen vermietet. *18 Zi. | Rankhyttans Herrgård | Tel. 023 77 04 60 | www.rankhyttan.se* | €€

AUSKUNFT

TURISTBYRÅ

Trotzgatan 10–12 | Tel. 0771 62 62 62 | www.visitdalarna.se

ZIELE IN DER UMGEBUNG

CARL LARSSON GÅRDEN ★

(143 D3) *(D12)*

Das Wohnhaus des berühmten schwedischen Jugendstilmalers sowie der schöne Garten strahlen jene Friedlichkeit aus, die etliche von Larssons Bilder prägen. Zusammen mit seiner Frau Karin, die viele der Textilien im Haus gestaltete, lebte der Künstler von 1889 bis zu seinem Tod 1919 in dem Haus in Sundborn. *Führungen Mai–Sept. tgl. 10–17, Okt.–April Mo–Fr 11, Sa 13 Uhr | Eintritt 160 SEK | Sundborn | www.carllarsson.se. 15 km nordöstlich*

MARCO POLO HIGHLIGHTS

★ **Falun**
Die historische Holzstadt und das ehemalige Kupferbergwerk gehören zum Unesco-Welterbe → S. 80

★ **Carl Larsson Gården**
Das letzte Heim des berühmten Malers ist genauso idyllisch wie seine Bilder → S. 83

★ **Högakustenleden**
Immer am Meer entlang: einer der abwechslungsreichsten Wanderwege Schwedens → S. 86

★ **Fläsian**
Der saubere Sandstrand ist ein schönes Plätzchen zum Sonnen und Baden → S. 91

INSIDER TIPP HÄLSINGEHÖFE
(143 D2) *(🗺 D11)*
In der Region Hälsingland gibt es rund 1000 Hälsingehöfe: reich verzierte Bauernhäuser z. T. aus dem 17. Jh. Sieben von ihnen haben es 2012 auf die Liste des Unesco-Weltkulturerbes geschafft. Der Große-Hälsingehof-Weg zwischen Alfta und Edsbyn verknüpft sie miteinander. Noch sind Ausschilderung und Info nicht optimal, aber versuchen Sie unbedingt, einen der Höfe zu besichtigen. Infos: *short.travel/swe37*, Broschüre: *short.travel/swe36*. *100 km nördlich*

Erinnert in Mora an Gustav Vasa: das Langlaufdenkmal

MORA (142 C2) *(🗺 C11)*
Am nördlichen Ufer des Siljan gelegen, ist Mora (20 000 Ew.) der perfekte Ort für eine Ruhepause mit Bad im See. In Erinnerung an die Flucht Gustav Vasas vor den Dänen findet alljährlich im Winter der 90 km lange *Wasalanglauf* statt, der in Mora endet. Anders Zorn, der neben Carl Larsson bekannteste schwedische Maler, wurde 1860 in Mora geboren. Besuchen Sie unbedingt das **INSIDER TIPP Anders-Zorn-Museum und sein ehemaliges Wohnhaus Zorngården**. *Zornmuseet: Sept.–Mai Di–So 11.45–16, Juni–Aug. tgl. 9–17 Uhr; Zorngården: Juni–Aug. tgl. 9.30–16 Uhr Führungen zur halben und vollen Stunde, Sept.–Mai Führungen zur vollen Stunde Di–Fr 13–15, Sa/So 12–15 Uhr | Anmeldung empfohlen unter Tel. 0250 59 23 10 | Eintritt Museum 70 SEK, Zorngården 100 SEK | www.zorn.se. 90 km nordwestlich*

ORSA (142 C2) *(🗺 C11)*
Die Hauptattraktion dieser kleinen Stadt ist Europas größter Raubtierpark *(tgl., Feb.–Mitte April 12–17, Ende Aug.–Jan. und Mitte April–Ende Juni 10–15, Ende Juni–Ende Aug. 10–17 Uhr | Eintritt 270, Familien 790 SEK | Grönklitt | www.orsarovdjurspark.se)*. Zu sehen sind u. a. Eis- und Braunbären, Luchse, Wölfe und auch Tiger.
In einer alten Sennerei außerhalb der Ortschaft haben sich Liselotte und Pär Länsman einen Traum verwirklicht: Im ● *Smidgården (Fryksås 248 | Orsa | Tel. 0250 3 42 14 | ganzjährig geöffnet | www.*

smidgarden.se | €€) gibt es feines Essen, gemütliche Unterkünfte und Massagen. Dazu bietet die Familie Aktivitäten wie Brotbacken, Bierdegustationen und Holzsaunabaden an. *100 km nordwestlich*

HÖGA KUSTEN

(145 D–E 4–5) (🗺 E–F 8–9) Tiefe Schluchten, Berge, die bis ans Meer reichen und stille Buchten – die Hohe Küste ist der spektakulärste Küstenabschnitt der ganzen Ostsee.

Das Gebiet erstreckt sich etwa von Örnsköldsvik bis zum 100 km weiter südlich gelegenen Härnösand. Hier ist die Landhebung am deutlichsten zu sehen. Über 800 m stiegen die Landmassen seit dem Ende der letzten Eiszeit vor ca. 10 000 Jahren. Deshalb wurde Höga Kusten von der Unesco zum Welterbe ernannt. Die Wälder und Berge sind ein hervorragendes Terrain zum Wandern, die Strände sind zwar schmal, doch dafür gibt es viele einsame Stellen.

SEHENSWERTES

FISKEVISTET (145 E4) (🗺 F8)

Höga Kusten gilt als Heimat der Fischspezialität *surströmming,* des fermentierten Herings. Hier widmet sich ein eigenes Museum dem Thema. Zum Haus gehört auch ein Abenteuerspielplatz mit Piratenschiff. *Mitte Juni–Mitte Aug. tgl. 10–18 Uhr | Eintritt frei | Skagsudde | Skeppsmalen | www.fiskevistet.se*

NORDINGRÅ (145 E5) (🗺 E9)

Die Halbinsel ist perfekt, um ein paar Tage auszuspannen. Wasser, Wald und Berge – Nordingrå bietet auf kleinstem Raum alles, was die Hohe Küste ausmacht. Sie können hier reiten, wandern, Kanu fahren oder baden. Unterkunft bieten zahlreiche kleine Familienhotels, Bed & Breakfasts und Hütten. Zur Nordingrå-Halbinsel gehören neben dem gleichnamigen Dorf 63 weitere Ortschaften, die verstreut an einer kurvenreichen Straße liegen, die sich über die ganze Halbinsel schlängelt. Die meisten bestehen nur aus wenigen Häusern. *Unterkunft und Vermietung von Kanus etc. z. B. Lappuddens Stugby (Tel. 070 2 86 43 05 und 070 6 25 07 83 | www.lappudden.se).*

ÖRNSKÖLDSVIK (145 E4) (🗺 F8)

Als einzige größere Stadt (55 000 Ew.) in der Gegend dient Örnsköldsvik als Versorgungszentrum für die ganze Umgebung. Besonders im Sommer ist in der Fußgängerzone dementsprechend viel los. Im behutsam renovierten alten Schulgebäude befindet sich das regionale Museum mit kulturhistorischen Ausstellungen, daneben die Werkstatt des Bildhauers Bror Marklund *(beide Di 11–20, Mi–Sa 11–16 Uhr | Eintritt frei | Läroverksgatan 1). www.ornskoldsvik.se/turis*

Im 6 km entfernten Själevad finden Sie Schwedens größten Outdoorladen *Naturkompaniet (Mo–Fr 10–18, Sa 10–16, So 11–16 Uhr | Brogatan 141 | 89435 Själevad | short.travel18)*, dazu im selben Gebäude ein Outlet der Trendmarke Fjällräven.

SKULESKOGEN ● (145 E4) (🗺 F8–9)

Diesen großartigen Nationalpark müssen Sie einfach besuchen! Märchenwälder, phantastische Aussicht, spannende Steinformationen – Natur in ihrer besten Form. Hier können Sie kurze und längere Wanderungen machen. Der an den Nationalpark angrenzende ☀ *Skuleberget* ist mit 294 m die höchste Erhebung der Region und ein einmaliger Aussichtspunkt. Nehmen Sie ein Picknick mit und genießen Sie! *short.travel/swe17*

Nicht in jedem See lebt ein Ungeheuer – Landschaft bei Östersund

ULVÖHAMN (145 E4) (*F9*)
Von Holzhäusern geprägtes Fischerdorf auf der Insel Ulvön. Bereits im 15. Jh. fischten Bewohner Mittelschwedens während der Sommermonate vor der Insel. Die letzte Fischfabrik schloss in den 1980er-Jahren. Die 1622 erbaute Kapelle von Ulvö ist die älteste Fischerkirche an der nordschwedischen Küste. Schöne Aussicht vom *Lotsberg* hinterm Dorf.

FREIZEIT & SPORT

WANDERN
Es gibt keine bessere Möglichkeit, die einmalige Küstenlandschaft kennen zu lernen, als eine Tour auf dem fast 130 km langen Wanderweg ★ *Högakustenleden*. Nirgendwo sonst in Schweden können Sie auf solcher Höhe so nah an der Küste entlang wandern. Der Weg führt in 13 gut ausgeschilderten Etappen von Örnsköldsvik nach Hornöberget.

STRÄNDE

ROTSIDAN
4 km langer Küstenabschnitt mit rotbraunen Diabassteinen, die die Wärme wunderbar speichern und sich bestens zum Sonnenbaden eignen. *www.hogakusten.com/en/produkt/rotsidan*

STORSANDS HAVSBAD
100 000 m² großes Gebiet mit feinem Sandstrand und Dünen. *Norrfällsviken | nordwestlich von Nordingrå*

ÜBERNACHTEN

INSIDER TIPP HÖGBUNDEN
Keinen Superluxus, aber eine geniale Lage auf einer kleinen Insel bietet die Jugendherberge im ehemaligen Leuchtturm. Mahlzeiten müssen vorab bestellt werden, sonst Selbstversorgung. *30 Betten | Tel. 0613 2 30 05 | hogbondenfyr.se | €€*

MÄDAN ISLANDSHÄSTAR

Urlaub auf dem Pferdehof; auch Vermietung von Hütten. *3 Zi. | Mädan 114 | Nordingrå | Tel. 0613 24111 | www.madanislandshastar.se | €*

AUSKUNFT

BESUCHSZENTRUM HÖRNOBERGET

Das Besuchszentrum Hörnoberget liegt direkt an der Höga-Kusten-Brücke. Hier erhalten Sie Infos zu allen Besuchszielen entlang der Küste. *Juni–Aug. tgl. 9–19 Uhr |Tel. 0771 26 50 00 |www.hogakusten.com*

ÖSTERSUND

(144 B4) (*D8*) **Auch wenn die Hauptstadt von Jämtland recht unspektakulär daherkommt, lohnt sich ein Stopp. Vielleicht sehen Sie ja das Storsjö-Ungeheuer – die schwedische Nessie haust angeblich im See Storsjö, an dem die Stadt (51 000 Ew.) liegt.**

Bekannt ist Östersund auch für seinen Fußballclub, der sich 2017 überraschend für die Europa League qualifizierte, und für sein nationales Wintersportzentrum. Jedes Jahr im Juli steht die Stadt im Zeichen INSIDER TIPP eines der größten Musikfestivals Skandinaviens: Storsjöyran *(http://yran.se)*. Sting, Pet Shop Boys, Lady Gaga und der schwedische Shooting-Star Zara Larsson waren schon da.

SEHENSWERTES

JAMTLI

Das *Jamtli (Jämtlands länsmuseum)* ist eine einzigartige Kombination aus Volkskunde- und Freilichtmuseum. Besucher begeben sich auf eine Reise in die Vergangenheit: In rund 60 Bauernhöfen des 18. und 19. Jhs. können sie sich einen Tag lang als Knecht, Magd oder Holzflößer versuchen. Sehenswert sind u. a. ein steinzeitlicher Siedlungsplatz und tausend Jahre alte Teppiche aus Överhogdal. Die vollständig erhaltenen Webmuster haben ihren Ursprung in der altnordischen Mythologie und sind die ältesten Europas. Gezeigt werden auch Fallen, mit denen man im 19. Jh. versuchte, das Seeungeheuer zu fangen, das angeblich im See vor der Stadt lebte. *Jan.–Mitte Juni und Mitte Aug.–Dez. Di–So 11–17, Mitte Juni–Mitte Aug. tgl. 11–17 Uhr | Eintritt 80 SEK, Mitte Juni–Mitte Aug. 250 SEK | Museiplan | www.jamtli.com*

NYA KYRKAN

Sehenswert sind die Deckengemälde der 1940 gebauten Neuen Kirche. Sie stammen von dem schwedischen Künstler Hilding Linnqvist.

STADTZENTRUM/STORGATAN

Östersund wurde einst mit einem rechtwinkligen Straßennetz angelegt. Achten Sie mal darauf: Im Zentrum ist diese Struktur noch weitgehend erhalten. Entlang der *Storgatan* liegt ein gut erhaltenes und sehenswertes Stadtviertel aus dem 19. Jh.

ESSEN & TRINKEN

EN LITEN RÖD

In diesem kleinen, einfachen Restaurant stehen Fondue, viel Fisch und Fleisch, aber auch vegetarische Gerichte auf der Speisekarte. *So geschl. | Brogränd 19 | Tel. 063 12 63 26 | www.enlitenrod.se | €€*

JAZZ KÖKET

Soul, Jazz und gutes Essen mit Fokus auf regionalen Produkten. *Di–Do 17–24, Fr 11.30–2, Sa 11.30–1 Uhr, Küche bis 22 Uhr | Prästgatan 44 | Tel. 063 10 15 75 | jazzkoket.se | €€*

FREIZEIT & SPORT

DAMPFERFAHRT

Auf der *S/S Östersund* können Sie die schöne Region Storsjöbygden vom Wasser aus erleben. Und wer weiß – vielleicht kommen Sie dabei ja sogar dem im 100 m tiefen See lebenden Ungeheuer auf die Schliche, das 1635 dort gesichtet worden sein soll. Auf dem Storsjön-See fährt der älteste Dampfer Schwedens im Linienverkehr *(Juni–Sept. | Tel. 064 04 41 68 | www.angarenostersund.com).*

STRÄNDE

Am Rand des großen *Storsjön-Sees* oder auf einer der zahlreichen Inseln gibt es diverse Bademöglichkeiten. Die Insel *Andersön* ist ein Naturschutzgebiet, in dem Sie wunderbar spazieren gehen können. Sie bietet auch schöne Badestellen samt Grillplätzen.

LOW BUDG€T

In Falun können Sie hinter „schwedischen Gardinen" übernachten. Das alte Gefängnis mit schönem Blick über die Stadt dient heute nämlich als preiswerte Herberge mit originalen Zweier- und Viererzellen. *Villavägen 17 | Tel. 023 79 55 75 | www.falufangelse.se | 295 SEK/Nacht*

Um den Siljan-See gibt es das ganze Jahr über INSIDER TIPP viel Musik für wenig Geld – ob beim Sommerfestival „Musik vid Siljan" im Juli *(www.musikvidsiljan.se)*, Konzerten in einer stillgelegten Kiesgrube *(www.dalhalla.se)* oder bei vielen Volksmusikveranstaltungen.

ÜBERNACHTEN

GAMLA TEATERN

Das alte Stadttheater wurde zum Hotel umgebaut. Sie schlafen dort, wo sich früher die Schauspieler auf ihren Auftritt vorbereiteten. Abends werden im alten Theatersaal häufig Konzerte gespielt. *64 Zi. | Thoméegränd 20 | Tel. 063 51 16 00 | www.gamlateatern.se |* €€

HOTEL EMMA

Gemütliches Familienhotel in der Fußgängerzone. Die Doppelzimmer können per Extrabett preiswert zu Familienzimmern aufgerüstet werden. *18 Zi. | Prästgatan 31 | Tel. 063 51 78 40 | www.hotelemma.se |* €€

AUSKUNFT

TURISTBYRÅ

Rådhusgatan 44 | Tel. 063 7011700 | www.visitostersund.se

ZIELE IN DER UMGEBUNG

ÅRE (144 A4) *(C8)*

Der Ort (9000 Ew.) ist das Zentrum des schwedischen Wintersports. Ob Snowboarden oder Slalomski – die mehr als 100 Abfahrten machen Åre zu einem Wintersportparadies. Ein Besuch lohnt sich aber auch im Sommer. Dann können Sie bergwandern, außerdem sind die reißenden Gebirgsflüsse eine Herausforderung für geübte Kajakfahrer *(Åre Turistbyrå | Tel. 0647 16321)*. Sehenswert ist auch die massive Steinkirche *Gamla kyrka* aus dem 12. Jh. *www.visitare.se. 100 km nordwestlich*

FÄVIKEN (144 B4) *(C8)*

Auf dem Speisezettel steht Ausgefallenes. Der schwedische Starkoch Magnus Nilsson, der lange in Paris wirkte, hat nach seiner

Åre: Mit der Seilbahn auf den Berg, auf Skiern die Pisten runter

Philosphie – regional, saisonabhängig, Tageslaune – eine Gourmetdestination geschaffen, über die man auch über die Landesgrenzen hinaus spricht: Fäviken gilt als eins der 50 besten Restaurants der Welt. An wenigen 24 Plätzen serviert der Chef höchstpersönlich jeden Abend bis zu 20 Gänge – darunter Gerichte wie „über Wacholderzweigen gegrillte Jakobsmuscheln" oder „Wildforellenrogen in einem warmen Teigschälchen mit getrocknetem Schweineblut". Und weil sich nach dem Geschmacksabenteuer viele nicht mehr ins Auto setzen wollen, stehen für die Abendgäste sechs Doppelzimmer zur Verfügung. Achtung: Vorkasse fürs Essen *(3000 SEK/Pers.)*. INSIDER TIPP Buchen Sie unbedingt mehrere Monate im Voraus! Reservierungen für Sommer und Herbst sind ab April möglich. *(Tel. 0647 40177 | favikenmagasinet.se | €€€). 75 km nordwestlich*

INSIDER TIPP JORMVATTNET
(144 B2) *(C6)*
In dem abgeschiedenen Dorf am Fuß der schwedisch-norwegischen Berge können Sie die phantastische Natur vom Pferderücken aus erleben *(Halbtages- bis 5-Tages-Touren | 4 Std. 850 SEK, Ganztagestour inkl. Lunch 1450 SEK)*. Egal ob Anfänger oder Profi – bei *Korpens Oga (10 Zi. | Jormvattnet 680 | 830 90 Gäddede | Tel. 0672 20171 | korpensoga.com | €€)* gibt es ein passendes Islandpferd! Zum Schlafen geht's ins rustikale Gästehaus mit komfortablen Doppelzimmern. Unbedingt vorab buchen! *270 km nordwestlich*

SUNDSVALL

(145 D5) *(E9)* **Wow – so viel Pracht im hohen Norden! 2017 wurde Sunds-**

vall (57 000 Ew.) zur schönsten Stadt Schwedens erkoren.
Das alte Zentrum dieser Stadt, die durch die Holzindustrie reich wurde, brannte 1888 fast vollständig ab und wurde durch die pompöse Steinstadt ersetzt. Aus Sundsvall stammen die mehrfachen Langlauf-Olympiasieger Charlotte Kalla und Johan Olsson. Rund um die Stadt gibt es ca. 300 km Loipen.

SEHENSWERTES

KULTURMAGASINET

Eine Mischung aus Museum, Galerie und Café, gelegen in historischen Magazingebäuden. *Mo–Do 10–19, Fr 10–18, Sa/So 11–16 Uhr Eintritt frei | Packhusgatan 4 | Tel. 060 19 18 00 | short.travel/swe38*

STENSTAD

Die Steinhäuser, die großzügigen Boulevards und Parks spiegeln das architektonische Ideal des Europas im 19. Jh. wider. Mehr erfahren Sie bei einer Stadtführung *(Buchung übers Turistbyrå)*, für Schwindelfreie wird eine INSIDER TIPP Wanderung über die Dächer der Stadt angeboten.

ESSEN & TRINKEN

INSIDER TIPP PALLAS KONDITORI

Retrocafé mit Einrichtung und Musik aus den 50ern und superfrischem Gebäck. *Mo–Fr 7–17, Sa 9–16 Uhr | Strandgatan 16 | www.pallaskonditori.se*

TANT ANCI & FRÖKEN SARA

Die beiden Schwestern Susanna und Jeanette betreiben hier Norrlands erstes ökozertifiziertes Café und Restaurant. *Mo–Do 10–21, Fr 10–20, Sa 11–18, So 12–16 Uhr | Bankgatan 15 | Tel. 060 7855700 | tantanci.se | €*

RÅ

Trendig und gemütlich zugleich. Halbe Portionen auf der Speisekarte, damit Sie verschiedene Gerichte probieren können. *Mo/Di/Do 17–23, Mi/Fr/Sa 17–2 Uhr | Ny-*

LESEHUNGER & AUGENFUTTER

Schwedenkrimis – Vergessen Sie mal die Klassiker Stieg Larsson, Henning Mankell oder Håkan Nesser, und versuchen Sie es mit den Frauen: mit Viveca Stens Sandhamn-Krimis („Mörderisches Ufer"), mit Camilla Läckbergs „Die Schneelöwin" oder Åsa Larssons spannenden Kiruna-Romanen („Denn die Gier wird euch verderben")

Astrid Lindgren – Wenn Sie der weltberühmten Kinderbuchautorin näher kommen wollen, dann lesen Sie unbedingt die Biografie „Astrid Lindgren. Ihr Leben" von Jens Andersen (2015). Der Mensch hinter den Büchern über Pippi, Michel und Lotta tritt da in den Vordergrund. Überraschungen garantiert!

Raus aus Åmal – Kultfilm, der das Aufwachsen in einer typischen schwedischen Kleinstadt schildert. Witzige und ergreifende Coming-of-Age-Story, die auch Erwachsenen nahegeht (1998)

The Square – Die Satire des Regisseurs Ruben Östlund war der Überraschungserfolg des Jahres 2017. Der Film entlarvt die Scheinheiligkeit unserer Gesellschaft und bringt uns trotzdem zum Lachen

Stilvoll im Neobarock und trotzdem modern wohnen: das Luxushotel Knaust

brogatan 16 | Tel. 060 6 06 60 60 | www.rasundsvall.se | €€

STRAND

FLÄSIAN ★

4 km südlich der Stadt können Sie am großen Naturstrand (sonnen-)baden. Im Sommer auch Camping und Hüttenvermietung, ein Teil des Strandes ist den Gästen vorbehalten. *Sundsvall Camping | Norrstigen 15 | Tel. 060 55 44 75 | www.sundsvallscamping.se* | €

ÜBERNACHTEN

ELITE HOTEL KNAUST

Eines der beeindruckendsten Hotels ganz Schwedens. Die berühmte Neobarocktreppe im Inneren des Hauses ist ein sehenswertes Beispiel der Architektur um die Jahrhundertwende. Das Haus aus dem Jahr 1890 ist wahrscheinlich das schönste der ganzen Stadt und bietet Luxus pur. Die Zimmer sind modern eingerichtet. *141 Zi. | Storgatan 13 | Tel. 060 6 08 00 00 | short.travel/swe19* | €€€

LILLA HOTELLET

Mitten im Zentrum ist dieses Familienhotel in einem denkmalgeschützten Haus untergebracht. Fragen Sie bei der Buchung nach einem INSIDER TIPP Zimmer mit einem der typisch schwedischen Kachelöfen! Auch das kleine Gartenhaus im Innenhof wird vermietet. *10 Zi. | Rådhusgatan 15 | Tel. 060 61 35 87 | www.lilla-hotellet.se* | €

AUSKUNFT

TURISTBYRÅ

Stora Torget | Tel. 060 6 58 58 00 | www.visitsundsvall.se

DER NORDEN

Mitte Juni scheint die Sonne so gut wie rund um die Uhr im Norden Schwedens. Im Winter ist es Tag und Nacht nahezu stockdunkel und eiskalt. Dann sind am Himmel Polarlichter zu sehen – ein einmaliges Naturschauspiel, das allein die 2000 km lange Reise vom Südzipfel des Landes bis hoch in den Norden Lapplands rechtfertigt.

Während der Sommermonate locken Strandbäder, die nur 100 km vom Polarkreis entfernt sind. Das Landesinnere – die „letzte Wildnis Europas" – ist ein hervorragendes Terrain für ausgedehnte, mehrtägige Wanderungen. Im hohen Norden existieren seit Langem drei Sprachen nebeneinander: Schwedisch, die Sprache der samischen Urbevölkerung sowie das tornedalische Mienkälä.

KIRUNA

(147 D3) (*🗺 F2*) **Kiruna (17 000 Ew.) ist die nördlichste Stadt Schwedens. Schlagzeilen macht die Bergbaustadt derzeit durch ein weltweit einmaliges Projekt: Kiruna zieht um.**

Bis 2035 wird u. a. das gesamte Zentrum versetzt, um an Eisenerzvorkommen unter dem Stadtkern zu gelangen. Betroffen ist auch das erst vor wenigen Jahren in Kiruna angesiedelte Parlament der samischen Minderheit *(www.sametinget.se)*.

Kiruna eignet sich hervorragend als Ausgangspunkt für Wander- und Schlittentouren in die Umgebung. Sehenswert ist auch die seit Anfang der 1970er-Jahre in der Nähe von Kiruna beheimatete

Bild: Polarlicht in Luleå

Auf der Suche nach dem Polarlicht – der hohe Norden Schwedens bietet das ganze Jahr über ungewöhnliche Naturschauspiele

Raketenbasis Esrange *(www.sscspace.com/besoka-scc)*, keine militärische, sondern eine Forschungseinrichtung. Jährlich werden mehrere Raketen ins All geschossen, die ein paar Minuten später auf schwedischen Boden zurückkehren.

SEHENSWERTES

KIRUNA KYRKA

Für den Entwurf dieses ungewöhnlichen Gotteshauses stand ein samisches Zelt Pate. Ein Teil der Gemälde im Inneren der Holzkirche stammt von Prinz Eugen, dem 1945 gestorbenen Spross der Königsfamilie. Auch die Kirche muss im Rahmen des Stadtumzugs versetzt werden.

LKAB-ERZGRUBE ★

Kirunas Wohlstand kommt aus der Erde. Hier wird seit einem Vierteljahrtausend Eisenerz abgebaut. Die Grube ist schon von Weitem ein imposanter Anblick. In 540 m Tiefe liegt das Minenmuseum *(nur mit Führung | 360 SEK | Buchung über das Turistbyrå Tel. 0980 188 80)*.

Im Eishotel in Jukkasjärvi ist wirklich fast alles aus Eis – sehr cool!

ESSEN & TRINKEN

CAMP RIPAN RESTURANT

Hier folgt man den acht (!) samischen Jahreszeiten und serviert regionale Spezialitäten. Wie wär's mit Shiitakepilzen aus der Erzgrube? *Tgl. | Campingvägen 5 | Tel. 0980 630 00 | www.ripan.se | €€*

FREIZEIT & SPORT

Kiruna bietet viele Outdooraktivitäten. Gleiten Sie im Winter mit Hundeschlitten oder Schneemobil durch die Landschaft *(Hundeschlitten 2,5 Std. 1050 SEK, Schneemobil 3,5 Std. 875 SEK | auch Tagestouren, z. B. Kiruna Guidetur | Tel. 0980 811 10 | www.kirunaguidetur.com)*. Ortskundige Führer nehmen Sie mit auf Elchsafaris oder die Suche nach dem Polarlicht. Im Sommer bieten sich Boots- oder Kajaktouren an *(3,5 Std. 795 SEK | z. B. Guide B-O | Tel. 0730 25 74 21 | www.guideb-o.se)*. In der Weite Kirunas können Sie auch hervorragend wandern *(Karten im Turistbyrå)*.

ÜBERNACHTEN

ISHOTELLET

In Jukkasjärvi, einige Kilometer von Kiruna entfernt, liegt das berühmte Eishotel. Hier können Sie das ganze Jahr über in einem Iglu übernachten. Konstant minus 5 Grad dank Sonnenenergie. In einem 3-Stunden-Kurs *(745 SEK)* INSIDER TIPP lernen Sie die Kunst, Eis in Skulpturen zu verwandeln. *Ca. 65 Zi. (jährlich variierend) | Tel. 0980 668 00 | www.icehotel.com | €€€*

AUSKUNFT

TURISTBYRÅ

Folkets Hus | Lars Janssonsgatan 17 | Tel. 0980 188 80 | www.kirunalapland.se

ZIELE IN DER UMGEBUNG

ABISKO-NATIONALPARK ★

(146 C2) *(E–F2)*

Mit 77 km² gehört Abisko zu den kleineren Reservaten. Weil der Park so gut erschlossen ist, ist er der beliebteste in Schweden. Die Landschaft gleicht einer eintönigen Steppe, doch gerade das macht den Reiz aus. Mehrtägige Wander- oder Skitouren sollten nur Geübte unternehmen, möglichst mit ortskundigem Führer. Ein guter Ausgangspunkt ist die *Jugendherberge Abisko Turiststation (ganzjährig geöffnet | Tel. 0980 4 02 00 | www.abisko.nu | €)* am nördlichen Rand des Parks an der gleichnamigen Bahnstation. Dort finden Sie auch Langlaufloipen für mehrstündige Touren und einen Haushang zum Abfahrtslauf. Im Park gibt es Hütten *(www.svenskaturistforeningen.se)* und Möglichkeiten zu zelten. *100 km nordwestlich*

INSIDER TIPP AURORA SKY STATION (146 C2) *(F2)*

Wenige hundert Meter *(10–15 Min. Fußweg)* von der Abisko Turiststation entfernt befindet sich die Talstation des Sessellifts auf den über 1000 m hohen Berg Nuolja *(Fahrzeit 20 Min. | 140 SEK, 175 SEK Retour-Ticket)*. An der Bergstation liegt die Aurora Sky Station, einer der besten Aussichtspunkte für das Nordlicht weltweit. Neben Aussichtsterrassen und einem Restaurant gibt es Erlebnisräume, in denen Besucher das Phänomen des Nordlichts erklärt bekommen. Im Winter *(Nov.– März, 21–1 Uhr)* ist die Sky Station nachts geöffnet und Guides beantworten Fragen *(Bahnticket mit Führung 645 SEK)*. In den Sommermonaten *(Mitte Juni–Mitte Sept.)* ist die Station auch tagsüber (9.30–16 Uhr) offen, und Mitternachtssonnenfahrten *(Mitte Juni–Mitte Juli 22–1 Uhr)* werden angeboten. *www.auroraskystation.com. 100 km nordwestlich*

JOKKMOKK (147 D4) *(F4)*

Ursprünglich ein reiner Marktplatz der Samen, heute eine feste Ortschaft. Der traditionelle Markt von Jokkmokk *(www.jokkmokksmarknad.se)* im Februar ist eine große (Touristen-)Attraktion. Das Berg- und Samenmuseum *Ájtte (Eintritt 90 SEK | Mitte Sept.–Ende Dez. u. Feb.–6. Mai Di–Fr 10–16, Sa 12–16, 7. Mai–Mitte Juni u. Mitte Aug.–Mitte Sept. zusätzl. So 12–16, Mitte Juni–Mitte Aug. tgl. 9–18 Uhr | www.ajtte.com)* erzählt die Kulturgeschichte der Samen. *200 km südlich*

KEBNEKAISE (146 C2–3) *(E2)*

Mit 2111 m ist der Kebnekaise Schwedens höchster Berg. Ein guter Ausgangspunkt für Touren in das Kebnekaisegebiet ist die *Fjällstation (Tel. 0980 5 50 00 | www.stfkebnekaise.com)*. *80 km westlich*

RIKSGRÄNSEN (146 C2) *(E2)*

Im höchstgelegenen Dorf der Gegend (606 m) sind manche Pisten im Sommer unter der Mitternachtssonne befahrbar. Exklusiv: die *Meteorologen Ski Lodge (14 Zi. | Riksgränsvägen 13 | Tel. 0980 6 41 00 | short.travel/swe20 | €€€)*. *130 km nordwestlich*

MARCO POLO HIGHLIGHTS

★ **LKAB-Erzgrube**
540 m unter die Erde ins Grubenmuseum von Kiruna → S. 93

★ **Abisko-Nationalpark**
Wandern und Skifahren im beliebtesten Nationalpark von Schweden → S. 94

★ **Sarek-Nationalpark**
Spektakuläre Hochgebirgslandschaft → S. 96

★ **Piteå**
Badestrand nahe dem Polarkreis → S. 98

★ **Vindelälvsdalen**
Wildwasser und ein unberührtes Tal → S. 99

SAREK-NATIONALPARK ★

(146 B–C 3–4) (🕮 E3)
Einer der beeindruckendsten Nationalparks Schwedens. Er umfasst 2000 km² Hochgebirge mit etwa 100 Gletschern und tiefen Tälern, die von reißenden Strömen wie dem 45 km langen Rapaätno, dem wasserreichsten Fluss Schwedens, durchzogen sind. Im Park leben Elche, Bären und Luchse. Seien Sie jedoch gewarnt: Die schwer zugängliche Wildnis ist nur etwas für geübte und outdoorerprobte Wanderer mit Abenteuerlust. Es gibt weder Pfade noch Hütten. *250 km südwestlich*

LULEÅ

(147 E6) *(🕮 G5)* **Als größter Ort (77 000 Ew.) und Verwaltungszentrum der Region Norrbotten hat Luleå kulturell einiges zu bieten.**
Im umgebauten Lager am Hafen spielt das Regionaltheater, am meisten aber gibt es vor den Toren der Stadt zu sehen – Machen Sie unbedingt einen Abstecher nach Gammelstaden, zum alten Zentrum der Stadt.

SEHENSWERTES

LULEÅ SKÄRGÅRD ●

Vor der Stadt im Meer liegen die Schären *Altappen, Brandöskär* und *Kluntarna.* Sie sind das ganze Jahr über für Spaziergänge geeignet. Im Sommer können Sie dort gut baden. Im Winter sind die Felsinseln auf einer ungewöhnlichen Skitour übers Eis erreichbar. Auch Hüttenbuchung ist möglich *(über das Turistbyrå)*.

NORRBOTTENS MUSEUM

Der ideale Einstieg in den höchsten Norden des Landes, der von der samischen Urbevölkerung dominiert war. Ausstellung zur Samenkultur speziell für Kinder. *Di–Fr 10–16, Sa/So 11–16 Uhr | Eintritt frei | Storgatan 2 | www.norrbottensmuseum.se*

ESSEN & TRINKEN

COOKS KROG

Im rustikal eingerichteten Restaurant werden vor allem Fleischgerichte wie Elch oder Ren serviert. *Tgl. | Storgatan 17 | Tel. 0920 20 10 25 | www.cookskrog.se |* **€€**

SAMEN

Noch bevor europäische Einwanderer den Weg nach Norden fanden, siedelten sich aus dem Osten kommende Jäger und Fischer am Polarkreis an. Die Samen, Europas einzige noch existierende Urbevölkerung, waren rentierzüchtende Nomaden. Ab dem 17. Jh. wurden sie von den nordischen Königshäusern und später den skandinavischen Regierungen verfolgt und unterdrückt. Erst der erfolgreiche Kampf gegen Staudammprojekte in ihrem Lebensraum brachte nach 1980 die Wende. Heute verfügen die gut 90 000 über Nordskandinavien verteilten Samen (früher abschätzig Lappen genannt) über umfassende Minderheitenrechte, eigene Parlamente – die 30 000 schwedischen Samen haben ihres in Kiruna –, Medien und Hochschulen. Schwedens EU-Beitritt hat den Status der Samen weiter gestärkt; anderen Urvölkern weltweit gelten sie heute als Vorreiter in Sachen Autonomie, Entwicklung und sozialer Fortschritt.

Idylle mit Boot in Luleå – Schweden wie aus dem Bilderbuch

HEMMAGASTRONOMI

Laden, Bäckerei und Restaurant in einem. Auf der Speisekarte Elch, Reh, aber auch Walnusstofu. *Norra Strandgatan 1 | Tel. 0920 22002 | hemmagastronomi.se | €€€*

ÜBERNACHTEN

CLARION HOTEL SENSE

Fotokunst und Designmöbel in jedem Zimmer, Skybar mit Aussicht. Im Restaurant *Kitchen & Table* kocht Schwedens Star Marcus Samuelsson. *228 Zi. | Skeppsbrogatan 34 | Tel. 0920 450450 | www.clarionsense.se | €€€*

AUSKUNFT

TURISTBYRÅ

Skeppsbrogatan 17 | Tel. 0920 457000 | visitlulea.se

ZIELE IN DER UMGEBUNG

ARVIDSJAUR (146 C6) (*F5*)

Der alte Handelsplatz der samischen Urbevölkerung ist heute das Zentrum für Autotestfahrten. Vor allem im Winter werden rund um Arvidsjaur *Fahrsicherheitstests* mit neuen Modellen unternommen – und Testfahrten für Besucher angeboten *(exclusivecarevents.se | 0960 281000)*. Im kleinen Zentrum der Stadt (7000 Ew.) liegt die aus 80 gut erhaltenen Holzhäusern bestehende „Samenstadt" aus dem 17. Jh. – und in der *Glaskunsthandwerkstatt (Arctic Glas | Renvallen 104 | Tel. 0960 12105 | www.arcticglas.se)* wird in den Sommermonaten zu Kaffee und Kuchen gebeten. *160 km westlich*

GAMMELSTADEN (147 E6) (*G5*)

Diese einzigartige Kirchstadt aus dem 17. Jh. ist Unesco-Weltkulturerbe. In den rund 400 Holzhütten übernachteten einst weit gereiste Gläubige zu einer Zeit, als es noch Pflicht war, an bestimmten Feiertagen den Gottesdienst zu besuchen. In der Kirchstadt war dann allerdings nicht nur Gottesdienst, sondern auch Fest und Tanz angesagt. *Juni–Aug. Führungen tgl. 11, 13 u. 15 Uhr | short.travel/swe21*

Im nahegelegenen *Freilichtmuseum Hägnan (Mitte Juni–Mitte Aug. 11–17 Uhr | www.systrarnas.com/kafefagnan)* können Sie in einem gemütlichen Hof aus dem 19. Jh. im schönen INSIDER TIPP *Kafé Fägnan (Mitte Juni–Mitte Aug. 11–17 Uhr | www.systrarnas.com/kafefagnan)* Pause machen. *10 km nordwestlich*

PITEÅ ★ (147 E6) (*G6*)

Die 1621 gegründete Stadt am Bottnischen Meerbusen (62 000 Ew.) besticht durch hübsche Holzhäuser, eine gute Infrastruktur für Gäste und wunderschöne Sandstrände. Vor allem für Nordnorweger gilt Piteå als der nächste „südliche" Badeort. Wirtschaftlich dominiert neben dem Tourismus die holzverarbeitende Industrie. *Piteå Touristbüro | Bryggargatan 14 | Tel. 0911 93 390 | www.pitea.se/de/Tourismus. 55 km südwestlich*

SORSELE (146 C6) (*E5*)

Der Ort inmitten großartiger Landschaften ist ein guter Ausgangspunkt für Angeltouren, Wanderungen und Wildwasserfahrten. Hier findet sich auch der originellste Kartoffelacker des Landes am Ammarnäshügel, wo seit über 150 Jahren feine Mandelkartoffeln angebaut werden. Seit bald 100 Jahren machen die Züge der ● *Inlandsbahn (www.inlandsbanan.com)* in Sorsele Halt, wo sich im Bahnhof das *Museum (Stationsgatan 19 | Tel. 0952 140 90)* dieser außergewöhnlichen Bahn befindet, die auf Wunsch der Fahrgäste schon mal einen Badestopp einlegt. *www.sorsele.se. 240 km südwestlich*

LOW BUDG€T

Von der Restaurantterrasse des *Hotell Toppen* in Storuman schweift der Blick über die Weiten einer Gemeinde mit doppelt so vielen Rentieren wie Einwohnern. Das Mittagsbuffet ist reichhaltig und sehr preiswert (70 SEK). *Blå vägen 238 | Tel. 0951 777 00 | www.hotelltoppen.se*

Rund um Umeå gibt es sehr viele Angelgewässer, und Angelkarten kosten nur rund 5 Euro pro Tag. Ideal für Einsteiger zum Schnuppern! Infos: *short.travel/swe40.* Verleih von Ausrüstung: *Blixt Sport Fiske & Fritid | Kungsgatan 94 | Umeå | blixtsport.se*

UMEÅ

(145 F3) (*F7*) **Das Kunst- und Freilichtmuseum ist Anziehungspunkt der am Fluss Umeälv gelegenen Stadt (120 000 Ew.).**

Umeå selbst ist architektonisch wenig reizvoll, attraktiv ist die Nähe zum Bottnischen Meerbusen, dem nördlichen Ausläufer der Ostsee.

SEHENSWERTES

GAMMLIA

Kunst-, Freilicht- und Kulturgeschichtsmuseum stehen mit den Ausstellungsräumen der renommierten örtlichen Kunsthochschule auf demselben Gelände. Sie geben einen umfassenden Eindruck von der Geschichte der Region. Alte Holzhäuser und moderne Kunst werden genauso gezeigt wie die Entwicklung des Skisports. *Di/Do/Fr 10–17, Mi 10–20, Sa/So 11–17 Uhr | Freilichtmuseum nur im Sommer geöffnet | Eintritt frei | www.vbm.se*

ESSEN & TRINKEN

HUNGER & TÖRST

Dieses spannende Restaurant heißt passenderweise „Hunger & Durst". Serviert werden ausschließlich feste Menüs mit 3, 4 oder 5 Gängen. Lassen Sie sich überraschen! *Di–Sa ab 17 Uhr | Vasagatan 1 | Tel. 090 771000 | hungerochtorst.se | €€*

ÜBERNACHTEN

STORA HOTELLET

Im Herzen der Stadt, mit Blick auf den Fluss: Das 1894 gebaute und 2014 renovierte Haus wurde vom internationalen Verein „Boutique Hotel Award" zum besten neuen Boutique-Hotel der Welt erkoren. *82 Zi. | Storgatan 46 | Tel. 090 778870 | www.storahotelletumea.se | €€*

AUSKUNFT

TURISTBYRÅ

Rådhusesplanaden 6A | Tel. 090 161616 | www.visitumea.se

ZIELE IN DER UMGEBUNG

GRANÖ (145 E3) (*F7*)

Suchen Sie Ruhe, Natur und Komfort? Eine Stunde von Umeå mitten in der Wildnis und direkt am Fluß Umeälven liegt die Granö Beckasin Lodge. Dort können sie in einem der sechs luxuriösen Baumhäuser, sehr treffend „Vogelnester" genannt, im Ökohotel, in einer Hütte oder ganz einfach auf dem Campingplatz übernachten. Für alle, die aktiv werden wollen: Auch Floßbau steht auf dem Programm. *Camping Mai–Sept. | Västanå 15 | Tel. 0933 41000 | granobeckasin.com | €–€€€. 72 km nordwestlich*

Ruhe finden in der unberührten Natur

VINDELÄLVSDALEN ★ (145 D1–F3) (*F7*)

Das Tal um den Fluss Vindelälv ist ein Traum für Naturfans und Aktivsportler. Der Fluss zählt zu den wenigen in Norrland, die noch unbeeinflusst von menschlichen Eingriffen ihrem natürlichen Lauf folgen. Wegen der Stromschnellen eignet er sich hervorragend für Wildwasserfahrten, sein Fischreichtum macht ihn zum Eldorado für Sportfischer. *Infos (schwedisch): www.vindelalven.se. 150 km westlich*

ERLEBNISTOUREN

1 SCHWEDEN PERFEKT IM ÜBERBLICK

START: ❶ **Malmö** **ZIEL:** ⑮ **Abisko**	**11 Tage** reine Fahrzeit 35 Stunden
Strecke: ➡ **2500 km**	

KOSTEN: ca. 1300 Euro/Person (Fahrkarten, Eintritt, Fahrradmiete, Übernachtung, Verpflegung, Sessellift zur **Aurora Sky Station**)
MITNEHMEN: Badesachen, Regenjacke, Wanderschuhe

ACHTUNG: Nördlich von ❽ **Mora** Arrangements wie Inlandsbahnsitzplätze und Übernachtungen unbedingt vorab reservieren!
Der Interrail-Schweden-Pass für 8 Tage in einem Monat (ca. 300 Euro, 2 Kl.) gilt für alle genannten Verbindungen. Infos über Zugverbindungen: *resrobot.se*

Sie wollen die einzigartigen Facetten dieser Region entdecken? Dann los! Noch einfacher wird es mit der Touren-App: Laden Sie sich die Tour über den QR-Code auf Seite 2/3 oder über die Webadresse in der Fußzeile auf Ihr Smartphone – damit Sie auch offline die perfekte Orientierung haben. Bei Änderungen der Tour ist die App auf dem neuesten Stand und weicht ggf. von den Erlebnistouren im Buch ab. In diesem Fall finden Sie in den Events & News (s. S. 2/3) die neueste Tour als PDF.

TOUREN-APP

→ S. 2/3

Zwischen dem dicht besiedelten und an Kulturgütern reichen Süden und dem kargen Norden liegen über 2000 km. Diese Bahnfahrt macht Sie mit den wichtigsten Städten Schwedens bekannt und zeigt Ihnen das schier endlose Inland. Hier ist die Wahrscheinlichkeit, einem Elch, Rentier oder gar Bären zu begegnen, größer, als Sie denken. Die Fahrt mit der schwedischen „Transsib", der Inlandsbanan, führt bis nach Lappland, zum wunderschönen Nordlicht.

TAG 1

1 Malmö

Ihre Reise beginnt in **1 Malmö → S. 51**. In der trendigen früheren Industriestadt mit ihrer spannenden Architektur und Kunstszene können Sie im **The More Hotel → S. 54**,

Bild: Tal Gearggevaeggi, Abisko/Fjaell

einer ehemaligen Schokoladenfabrik, übernachten. Machen Sie einen Abendspaziergang durch den Stadtteil **Västra Hamnen → S. 52** (Westhafen), in dem auch Nordeuropas höchstes Gebäude (190 m), der „Turning Torso" steht.

TAG 2

235 km

2 Varberg

Nach dem Frühstück **steigen Sie in einen Zug der Bahngesellschaft SJ** *(sj.se)*, **der Sie in gut zwei Stunden entlang der Küste nach Varberg bringt. Dabei fahren Sie durch Schwedens längsten Eisenbahntunnel, Hallandsåsen**, der 2016 in Betrieb ging und dessen Bau wegen der schwierigen geologischen Bedingungen fast ein Vierteljahrhundert dauerte. In **2 Varberg → S. 65**, einer kleinen Stadt am Meer, die wiederholt zur besten europäischen Wellnessdestination erkoren wurde, ist ein Besuch der **Festungsanlage** aus dem 12. Jh. interessant, die an die einstige Rolle Schwedens als europäische Großmacht erinnert. Mieten Sie am Nachmittag ein Fahrrad bei **Cykelhuset Fåglum** *(Birgersvenssonsväg 14 | Tel. 0340 611060)* und radeln Sie auf der INSIDER TIPP ehemaligen Bahntrasse direkt am Meer entlang.

TAG 3–4

90 km

3 Göteborg

458 km

4 Stockholm

Stehen Sie früh auf, denn heute steht Sightseeing auf dem Plan: **Weniger als eine Stunde dauert die Bahnfahrt in das mondäne 3 Göteborg** → S. 56. Hier lohnt sich eine Rundfahrt mit den **Paddan-Booten der Strömma-Reederei** → S. 58: Die Tour (1 Std.) durch Hafen und Kanäle zeigt, dass die Stadt im 17. Jh. von Niederländern nach dem Vorbild Amsterdams gebaut wurde. Empfehlenswert sind Stadtspaziergänge in den alten Arbeiterstadtteil **Haga** → S. 60 und entlang der Paradestraße **Kungsportsavenyn** sowie etwas Erholung in den grünen Lungen der Halbmillionenmetropole, etwa im **Trädgårdsföreningen** („Gartenverein") hinter dem Hauptbahnhof. Am frühen Abend **besteigen Sie dann den Schnellzug nach 4 Stockholm** → S. 32. Hier können Sie sich am nächsten Tag im **Nobelmuseet** → S. 36 auf die Spuren der berühmten Nobelpreise begeben, das **ABBA-Museum** → S. 34 besuchen – und mit der **Millennium-Tour** → S. 40 die Stadt auf den Spuren der Bücher des verstorbenen Starautors Stieg Larsson erkunden. Wie wäre es mit einer Pause in der **Kaffeebar** *(Tgl. | Hornsgatan 78 | Tel. 076 8752992)*? Hier schrieb Larsson einen Teil seiner Bücher und ließ seinen fiktiven Starjournalist Mikael Blomkvist gern einkehren. Etwas zeitaufwendiger ist ein Besuch von **Schloss Drottningholm** → S. 42, **das Sie von der Anlagestelle beim Stockholmer Stadthaus auf dem Wasserweg in weniger als einer Stunde erreichen**. In dem zum Unesco-Welterbe ernannten Gebäudekomplex leben seit 1981 König Carl XVI. Gustaf und seine Gattin Königin Silvia.

TAG 5

100 km

5 Uppsala

Eine Zugstunde nördlich von Stockholm liegt Nordeuropas älteste und größte Universitätsstadt: 5 Uppsala → S. 75. Per Fahrrad, das Sie bei **Tvåhjulsmästarna** *(Mo–Sa | Dragarbrunnsgatan 46 | Tel. 0181 15040 | www.skitotal.se/cyklar.html)* mieten, erreichen Sie in weniger als 30 Minuten die postantiken Pyramiden des Nordens, die **Grabhügel** → S. 76 von Alt-Uppsala, rund 5 km vom Hauptbahnhof entfernt. (Sollte es regnen, können Sie auch einen Stadtbus nehmen.) Im Mittelaltercafé

Odinsborg → S. 76 können Sie (alkoholfreies) Wikingerbier *mjod* genießen, das hier seit Jahrhunderten nach einem Geheimrezept gebraut wird. Im Zentrum von Uppsala gibt es viele gemütliche Gassen und Plätze, auf denen es – nicht nur – von Studierenden wimmelt und die zum Verweilen einladen. Am späten Nachmittag **nehmen Sie den Zug in die zwei Stunden weiter nördlich liegende Kupfer- und Unesco-Welterbe-Stadt 6 Falun → S. 80**.

Nach einem morgendlichen Besuch im Untergrund der weltberühmten Kupfermine **Kopparberget → S. 81 geht die Reise weiter über die Industriestadt Borlänge nach 7 Leksand am Siljan-See**. Nirgendwo sonst in Schweden wird nach nationalromantischen Vorbildern musiziert, getanzt und gemalt wie um den siebtgrößten See des Landes. **In den Sommermonaten verbinden Dampfschiffe Leksand in vier Stunden mit 8 Mora → S. 84**. Alternative für den Winter und alle, die schneller reisen möchten: Per Bahn dauert die Fahrt weniger als eine Stunde. In Mora empfiehlt sich ein Besuch im ehemaligen Wohnhaus des Landschaftsmalers Anders Zorn: **Zorngården → S. 84**. Übernachten Sie im **Hotell Siljan** *(36 Zi. | Moragatan 6 | Tel. 0250 130 00 | www.hotellsiljan.se | €€€)*.

Nach dem Frühstück bringt Sie der Bus (im Sommer bis 5-mal tgl.) in einer Stunde zum größten 9 Bärenpark → S. 84 Europas in Grönklitt (30 km nördlich von Mora), wo Sie neben Eis- und Braunbären auch sibirische Tiger und Wölfe zu sehen bekommen. **Am Nachmittag geht es dann weiter, zuerst mit dem Bus (20 Min.) ins 12 km entfernte Orsa; vom dortigen Bahnhof fährt kurz nach 15 Uhr die Inlandsbanan → S. 98 in Richtung Norden los. Die erste Etappe bringt Sie in gut sechs Stunden nach 10 Östersund → S. 87**.

Am Morgen geht es weiter mit der Inlandsbanan (außerhalb der Sommersaison mit dem Inlandsexpressen-Bus) in Richtung Norden. Die gemütlichen Schienenzüge halten, wenn es Wetter und Fahrplan zulassen, auch mal spontan zum Baden an einem schönen See. **Am frühen Nachmittag treffen Sie in der kleinen Ortschaft 11 Sorsele → S. 98 etwas südlich des Polarkreises ein,** wo sich das **Museum der Inlandsbanan → S. 98** befindet. Auf einem Gebiet zehnmal so groß wie Hamburg leben gerade einmal 3000 Menschen – aber umso mehr Elche und Rentiere. Nutzen Sie die hellen Sommerabende für eine Angeltour oder Wanderung, ehe Sie die Nacht z. B. im **Pensionat Holmen** *(5 Zi. | Strandvägen 33 | Tel. 0952 536 40 | www.pensionatholmen.se | €€)* verbringen.

24 Stunden nach Ihrer Ankunft verlassen Sie Sorsele – mit der Inlandsbahn geht es weiter Richtung Norden. Zwischen Arvidsjaur und Jokkmokk hält der Zug kurz vor halb acht Uhr abends am 12 Polarkreis an; hier geht die Sonne im Hochsommer nicht mehr unter. In den dunklen Wintermonaten bleibt es hingegen rund um die Uhr finster. **Am Endpunkt der Inlandsbahn in 13 Gällivare wartet wenige Meter hinter dem Bahnhof ein gemütliches Bett im 2015 eröffneten Quality Hotel Lapland** *(200 Zi. | Lasarettsgatan 1 | Tel. 0970 772290 | qhl.nu/en/ | €€)* auf Sie.

Eine Zugstunde nördlich von Gällivare liegt 14 Kiruna → S. 92, Nordeuropas spannendste Bergbaumetropole. Seit über 100 Jahren wird hier Eisenerz abgebaut – und weil das Erz künftig auch im jetzigen Stadtgebiet gefördert werden soll, ist für die kommenden Jahre ein Umzug der gesamten Stadt geplant. Wie das vonstatten gehen soll, erfahren Sie auf einer **Stadtumwandlungstour** *(Start: Ingenjörsgatan 2 | short.travel/swe8)*. Neben Sehenswürdigkeiten rund um den Bergbau, wie dem **Minenmuseum → S. 93**, bietet Kiruna zu jeder Jahreszeit Attraktionen wie z .B. das weltberühmte **Eishotel → S. 94** (Ishotellet) in Jukkasjärvi sowie **Hundeschlittentouren** *(Tel. 0703 219108 | kirunanature.com)*. Für die Nacht checken Sie im **Hotel & Hostel SPiS** *(45 Zi. | Bergmästaregatan 7 | Tel. 0980 17000 | www.spiskiruna.se | €–€€)* ein.

Besteigen Sie die legendäre Arctic Circle Bahn nach **15 Abisko** am Torneträsk, Schwedens sechstgrößtem See. Nirgendwo in Europa kommen Sie der arktischen Einsamkeit näher als hier im Nationalpark, und nirgendwo ist das geheimnisvolle Polarlicht in der dunklen Jahreszeit *(Nov.–März)* besser zu sehen als von der **Aurora Sky Station → S. 95. Sie gelangen mit dem Sessellift dorthin, dessen Talstation ca. 300 m westlich von der Bahnhaltestelle Abisko-Turiststation liegt.** Alternativ können Sie auch wandern. Im Sommer lockt nicht nur das Nordlicht, sondern auch viele Spazierwege entlang dem Torneträsk. Für die Nacht sind Sie in der **Abisko Turiststation** *(100 Zi. | Tel. 0980 40200 | €€)* gut untergebracht. Rückfahrt: Von Abisko per Schlafwagen in 24 Stunden (Umsteigen in Stockholm oder Göteborg) nach Malmö zurück.

TAG 9
203 km
12 Polarkreis
160,5 km
13 Gällivare

TAG 10
107,5 km
14 Kiruna

TAG 11
91 km
15 Abisko

2 DER GÖTAKANAL MIT FAHRRAD UND SCHIFF

START: ❶ Karlsborg
ZIEL: ❶ Karlsborg

Strecke:
130 km (90 km Rad, 40 km Schiff)

5 Tage
reine Fahrzeit
10 Stunden Rad,
4,5 Stunden Schiff

KOSTEN: ca. 1100 Euro/Person (Fahrradmiete, Unterkunft, Verpflegung, Schiffsfahrt)
MITNEHMEN: Badesachen, Regenschutz, Sonnenschutz, Helm

ACHTUNG: Übernachtung im **B&B Prästgården** und Schiffstour mit der **MS Sandön** *(www.mssandon.se/?l=eng)*reservieren! Und Achtung: Das Schiff fährt nur mittwochs von Töreboda nach Karlsborg! Planen Sie Ihre Tour entsprechend. Am Götakanal gibt es für Radfahrer viele Angebote und eine gut ausgebaute Infrastruktur. Infos: *www.gotakanal.se/de/Radfahren*

Auf dieser Tour radeln Sie zunächst am historischen Götakanal entlang. Unterwegs können Sie angeln, paddeln oder wandern. Zurück nach Karlsborg schippern Sie samt Rad auf der mehr als hundert Jahre alten MS Sandön.

TAG 1

❶ Karlsborg

Ihre Tour startet in ❶ **Karlsborg** (3700 Ew.). Heute geht's noch nicht aufs Rad, sondern Sie besichtigen die gut erhaltene **Festung** *(Mo–Fr 10–15 Uhr, im Sommer länger, auch Sa/So | Eintritt frei)*, deren Bau von 1819 an fast ein Jahrhundert in Anspruch nahm. Das riesige Festungsgelände war als Stadt in der Stadt gedacht – mit Kirche, Geschäften und Wohnhäusern. Eine nette Unterkunft ist das **Kanalhotel** *(26 Zi. | Storgatan 94 | Tel. 0505 12130 | www.kanalhotellet.se | €€)* im Schweizer Stil, bereits 1894 eröffnet, bietet es auch ein Stück Kanalgeschichte. Fahrräder können Sie z. B. bei **Cykelaffären i Karlsborg** *(Strandvägen 59 | Tel. 0505 10137 | auf Facebook unter @cykelaffaren)* mieten.

TAG 2–3

11,5 km

❷ Forsvik

6,5 km

Starten Sie am nächsten Morgen **in nördlicher Richtung gen** ❷ **Forsvik**. Dort können Sie sich die **älteste Schleuse** (1813) des Götakanals anschauen und im **Industriedenkmal** *(Mitte Mai–Ende Juni u. Mitte Aug.–Mitte Sept. 12–18 Uhr, Juli–Mitte Aug. 10–17 Uhr | Eintritt frei | www.forsviksbruk.se)* beobachten, wie im 15. Jh. Mehl gemahlen und Eisen geschmiedet wurde. **Ein Abstecher führt zum**

3 **Vaberg südlich der Stadt**. Der Berg ist gespickt mit **Verteidigungsanlagen** (19. Jh.), die als Ergänzung zur Festung Karlsborg dienten. Vom Gipfel haben Sie einen schönen Blick über Festung, Stadt sowie die Seen Booten und Vättern. **Von Forsvik radeln Sie auf kleinen Landstraßen um die Südspitze des Sees Viken herum. Sie verlassen die Landstraße 202 rund 7 km nördlich von Forsvik und passieren dann das** bereits im Mittelalter bekannte **Dörfchen**

3 Vaberg

20 km

Egal ob per Schiff oder mit dem Fahrrad – der Götakanal ist eine Reise wert

MIT DEM SCHIFF AUF DEM GÖTAKANAL

Der Götakanal – 190 km lang und mit 58 Schleusen – ist eines der größten Bauprojekte, die je in Schweden realisiert wurden. Von 1810 bis 1832 erbaut, erstreckt er sich von Sjötorp am See Vänern bis nach Mem an der Ostsee. 87 km der Strecke sind von Hand ausgegraben worden.

Von Göteborg an der Westküste bis nach Stockholm bieten mehrere Reedereien kürzere oder längere Schiffs- und Kreuzfahrten an *(unbedingt vorher buchen! Abfahrten Mai–Ende Sept. mehrmals wöchentlich | Tel. 0141 20 20 50 | Preise ab 4525 SEK | www.gotakanal.se/de/Passagierschiffe)*. Während der Fahrt über den Kanal ziehen der Treidelpfad und das von Grün gesäumte Ufer gemächlich vorbei. Schleuse für Schleuse erklimmt das Boot die knapp 90 Höhenmeter zwischen Ostsee und dem See Vättern. Während das Wasser das Kanalboot langsam anhebt, haben Sie Zeit, einen Spaziergang am Schleusenufer zu machen.

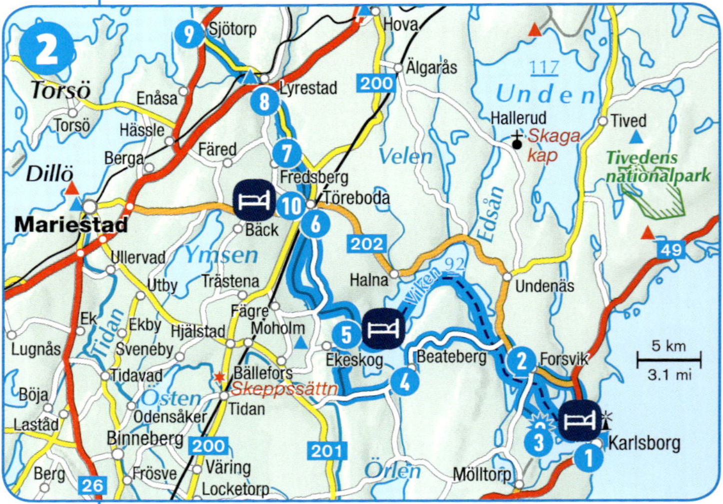

4 Beateberg

15 km

5 Tåtorps Café & Logi

TAG 4

15,5 km

6 Töreboda

5,5 km

4 Beateberg (ca. 120 Einw.) mit seiner markanten **Kirche** und einem schönen **Badestrand** – Gelegenheit zu einer Pause. **Danach geht es auf schwach befahrenen, aber weitgehend asphaltierten Sträßchen weiter. Nach 7 km biegen Sie nach rechts (Norden) auf einen unasphaltierten Weg und kommen nach weiteren 7 km nach Tåtorp.** Wer lieber auf asphaltierter Straße fährt, biegt erst im Weiler Lagerfors rechts ab und fährt einen Umweg nach Tåtorp. Dort steigen Sie im wunderschönen Gästehaus 5 INSIDER TIPP **Tåtorps Café & Logi** *(Mai–Okt. | Tel. 0506 5 30 86 | www.tatorp.se | €)* mit Garten ab. Das Haus ist aus Holz aus der Region gebaut, die Produkte aus dem angeschlossenen Biogarten werden für die Mahlzeiten verwendet. In der malerischen Umgebung lohnt es sich zu verweilen. Verbringen Sie Tag 3 mit Angeln, Kanufahren oder Wandern!

Am nächsten Tag geht's auf dem gut ausgeschilderten Treidelpfad am Kanal weiter Richtung Sjötorp. Im Ort **6 Töreboda** ist das **Café Visthuset** *(Juni–Aug. tgl. | Kanalvägen 2 | Tel. 0506 77 75 50)* eine gute Wahl für eine Rast. **Setzen Sie dann mit der kürzesten Fährverbindung Schwedens – keine 30 Sekunden! – über und folgen Sie dem Götakanal weiter gen Norden. Nach etwa 5 km wird**

der Kanal nochmals breiter, und Sie kommen zum Magasinet in ❼ **Hajstorp**, wo im Sommer Kunsthandwerk verkauft wird. Nächster Zwischenstopp ist ❽ **Norrqvarn**. Das Restaurant im **Hotel Norrqvarn** *(Mai–Sept. tgl., sonst auf Bestellung | Tel. 0501 5 07 70 | www.norrqvarn.se | €€)* hat traditionelle schwedische Speisen. Neben dem Hotel sind Teile des Götakanals in Miniatur nachgebaut. **Bis** ❾ **Sjötorp sind es nun noch gut 7 km.** Hier gibt es ein weiteres **Kanalmuseum** *(Öffnungszeiten erfragen | Eintritt 40 SEK | Tel. 0501 5 15 40)* – mit alten Bootsmotoren und Teilen des Schiffs Valborg. Anschließend machen Sie sich auf den Rückweg nach ❿ **Töreboda**. Dort übernachten Sie im gemütlichen **B&B Prästgården** *(5 Zi. | Nygatan 2 | Tel. 0506 125 00 | prastgarden.nu | €€)*. Im Juli können Sie auf der Terrasse des Restaurants **Krubb** *(Juni/Aug. Do-Sa, Juli tgl. | Kanalvägen 6 | Tel. 0506 165 00 | restaurangkrubb.se | €)* im Gästehafen abendessen. Ansonsten in Mandy's Diner *(Mi–Sa 17–23, So 12–20 Uhr | www.mandysdiner.se/toreboda | €€)*.

Am nächsten Morgen um 10 Uhr bringt Sie die **MS Sandön** *(Reservieren! Erw. 500, Kinder 250, Fahrrad 70 SEK | www.mssandon.se/?l=eng)* vom **Anleger** (beim Bahnhof) in 4,5 Std. zurück nach ❶ **Karlsborg**. Dort können Sie die Räder zurückgeben.

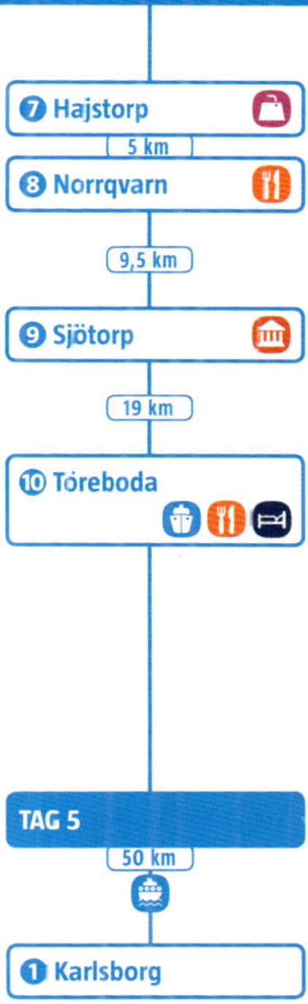

3 ZU FUSS DURCHS GÖTEBORGER HINTERLAND

START: ❶ **Tulebo** **ZIEL:** ⓮ **Kungälv**	**4 Tage** reine Gehzeit 15 Stunden
Strecke: **60 km** — leicht, **Höhenmeter: 250**	

KOSTEN: ca. 600 Euro/Person (Unterkunft, Essen, Kanumiete, öffentliche Verkehrsmittel)

MITNEHMEN: Wanderkarte, Badesachen, Wanderschuhe, Regenschutz, Trinkwasser, Proviant, evtl. Grillutensilien für Tag 4

ACHTUNG: Der Bohusleden ist zwar gut ausgeschildert, (Infos auf Deutsch unter: *bohusleden.se/lang/de/*), nehmen Sie aber eine Karte mit, da die Unterkünfte nicht direkt am Weg liegen.
Evtl. Kanus für Tag 4 im ⓬ **Naturreservat Vättlefjäll** vorbestellen: *Tel. 031 3 30 22 65 | www.kanotpoolen.se*.

Diese Wanderung umfasst sechs (60 km) der 27 Etappen des insgesamt 370 km langen Bohusleden-Wanderwegs, der von Blåvättnerna südlich von Göteborg bis hinauf in den Küstenort Strömstad führt. Sie kommen durch Wälder, vorbei an Dörfern, Herrenhäusern und kleinen Seen, die zum Baden einladen.

TAG 1

1 Tulebo

7,5 km

2 Gunnebopark

4 km

Lassen Sie die ersten Kilometer des Bohusleden aus, und **starten Sie in 1 Tulebo** am Tulebosee, von Göteborg aus in gut 30 Minuten mit öffentlichen Verkehrsmitteln zu erreichen. **Die ersten Kilometer laufen Sie durch lichte Waldstücke und entlang kleiner Seen. Dann geht es durch den** im englischen Stil angelegten **2 Gunnebopark**. Schauen Sie sich unbedingt das **Gunnebo-Schloss** *(geführte Touren Mitte Juni–Mitte Aug. tgl. 12/13/14 Uhr, Mitte Aug.–Mitte Juni nur Sa/So | Eintritt 100 SEK | www.gunneboslott.se)* an. Der prachtvolle Bau des 18. Jhs. diente einem reichen Göteborger Kaufmann als Sommersitz. Im **Café** im Dienstbotenhaus können Sie sich stärken. Am Sommerende wird hier jedes Jahr der größte Markt Schwedens mit ausschließlich Ökoprodukten veranstaltet (Jordens Mat). **Folgen Sie**

Das A und O beim Wandern durch die Natur: gutes Schuhwerk

dem Bohusleden bis Stensjön, wo die erste Etappe zu Ende geht. Übernachten können Sie im ❸ **Hotel Mölndalsbro** *(42 Zi. | Nämndemansgatan 5 | Tel. 031 870120 | www.hotelmolndalsbro.se | €€)*.

Am zweiten Tag geht es weiter Richtung Norden. Bald macht der Weg einen starken Knick nach rechts und führt unter der Landstraße Nr. 40 hindurch zum See Stora Delsjö und dem ❹ INSIDER TIPP **Delsjöbadet**, der größten Seebadestelle Göteborgs! Hier können Sie eine Badepause einlegen und im nahe gelegenen ❺ **Café Lyckan** *(Tel. 031 831432 | sv-se.facebook.com/kaffestuganlyckan)* („Glück") zu Mittag essen. Einige hundert Meter weiter vermietet der Paddelverein Kanus. **Die Wanderung verläuft einige Minuten am See entlang, bevor es durch den Wald in Richtung Norden geht und Sie nach etwa einer halben Stunde die Kleingartenanlage Delsjökolonin erreichen. Weiter führt Ihr Weg durch das** ❻ **Naturschutzgebiet Knipeflågsbergen**, in dem Elche und Rehe leben. Auch kleinere Tiere wie Hase, Fuchs oder Dachs können sich zeigen. **Von der Anhöhe Getryggen** („Ziegenrücken") genießen Sie eine vorzügliche Aussicht über Göteborg und Umgebung – **und Sie gelangen schließlich zum** ❼ **Badesee Kåsjön**. Nächtigen können Sie in **Åstebo** in der ❽ **Jugendherberge** *(186 Betten | Landvettervägen 50 | Tel. 031 446501 | www.partillevandrarhem.com.se | €)*.

Am nächsten Morgen geht es durch Wald- und Seenlandschaft bis nach ❾ **Jonsered**. Der alte Industrieort ist schottisch geprägt und umfasst viele Wohnhäuser und ein Gutshaus. **Dahinter führt der Weg links weiter. Durch eine kleine Schluchtlandschaft gelangen Sie zu den Seen Lilla und Stora Ramsjö**, die zum Bad einladen, **und schließlich über eine Hängebrücke zu einem Hochplateau,** von dem sich eine gute Aussicht über Göteborg und den Ort Partille eröffnet. **Weiter geht es durch mehrere Waldstücke und an einem See entlang bis zur** ❿ **Angereds-Kirche**, deren Wurzeln bis ins 13. Jh. reichen. Übernachtungsmöglichkeiten sind hier rar, deshalb müssen Sie ein paar Kilometer weiter wandern, zum ⓫ **Hotel Surte** *(56 Betten | Götebорgsvägen 24–26 | Tel.031 98 05 80 | www.hotelsurte.se | €)* im gleichnamigen Ort.

Am letzten Tag wandern Sie durch weitläufige Felder zum ⓬ **Naturreservat Vättlefjäll**. Nach ca. 2,5 km Richtung Nordosten können Sie auf der Westseite des Sees Sur-

6 km

⑬ Bohus

1,5 km

⑭ Kungälv

tesjön das vorbestellte Kanu mieten. Beim Kanuverleih finden Sie auch einen Grillplatz – jetzt kommt Ihr Grillzeug ins Spiel, sofern Sie welches mitgenommen haben – und eine Wetterschutzhütte. **Eine gute Wanderstunde später verlassen Sie den Wald und erblicken die eindrucksvollen Ruinen der Festung ⑬ Bohus** aus dem 14. Jh. Hier gibt es einen Kiosk und ein sehenswertes **Heimatmuseum**. **In nördlicher Richtung ist es nun nicht mehr weit bis nach ⑭ Kungälv → S. 63**, wo Sie sich bei einer Mahlzeit im **Café Tant Rut** *(tgl. | Västragatan 58 | Tel. 030 3187 10)* stärken können. Das altmodische Café serviert Pasta al Pesto ebenso wie hausgemachten Kuchen und Fairtrade-Kaffee. Am Marktplatz liegen eine Kirche aus dem 17. Jh., das Rathaus und das traditionsreiche Hotel Fars Hatt. Mit der Eisenbahn ab der Station Ytterby westlich des Ortszentrums geht es in einer halben Stunde zurück nach Göteborg.

4 AN DER OSTSEEKÜSTE NORDSCHWEDENS

START: ① Piteå **ZIEL:** ⑮ Sundsvall	**5 Tage** reine Fahrzeit 7 Stunden
Strecke: **500 km**	

KOSTEN: ca. 800 Euro für zwei Personen (Benzin, Eintritt, Unterkunft, Verpflegung)

MITNEHMEN: Badesachen, Picknick, Wanderschuhe, Regenjacke, evtl. Zelt, Verpflegung für die Übernachtung im ⑥ **Leuchtturm**, außerhalb der Café-Öffnungszeiten gibt es weder Essen noch Getränke!

ACHTUNG: Übernachtung im ⑥ **Leuchtturm** von Bjuröklubb frühzeitig buchen *(Tel. 07220 42100)*

Auf dieser Autotour fahren Sie dicht an der Küste entlang und passieren einige der interessantesten kulturhistorischen Stätten des Landes. Sie übernachten in einem Leuchtturm am Meer und in einem hübschen Gutshof.

TAG 1

① Piteå

26,5 km

② Arkeologstigen

Fahren Sie in ① Piteå → S. 98 auf die E4 Richtung Süden. Nach knapp 20 km erreichen Sie die Ortschaft Jävre. Hier lohnt der 8 km lange Wanderweg ② Arkeologstigen einen Stopp: Am Weg liegen Grabfelder aus der Bronzezeit und die Steinkonstruktion „liegende Henne", die wohl einst eine Opferstelle war. **Der Weg führt wei-**

Ein ruhiger Ort für eine Pause in Skellefta: das Ufer des Skellefteälven

ter auf den Gipfel des Högberget, dort gibt es am Wegesrand einen kleinen Grillplatz mit Blick übers Meer. **Zurück auf der E4 kommen Sie nach rund 31 km in ❸ Byske an.** Funde deuten darauf hin, dass dort bereits vor 6000 Jahren Menschen siedelten. Am Strand **Byskehavsbad** *(Tel. 09126 12 90 | www.byskehavsbad.se)* können Sie campen oder eine Hütte mieten, sich einfach an den Strand legen oder einen Sprung in den Bottnischen Meerbusen wagen.

Bis nach **❹ Skellefteå** sind es 30 km. Sehenswert ist die Kirche von 1795 mit ihren Holzskulpturen. Das **Museum Anna Nordlander** *(Di 10–19, Mi–So 10–16 Uhr | Eintritt frei | Nordanå, Ernst Westerlundsallé)* zeigt Werke nordeuropäischer Künstlerinnen und Künstler. **Folgen Sie der E4 aus Skellefteå hinaus, und biegen Sie nach 17 km links auf den Norra Kustvägen Richtung ❺ Bureå**, wo Sie den nächsten Halt einlegen. Von der Kirche im nationalromantischen Stil führt ein Spazierweg zum Klosterhügel (Klosterholmen), ein geeigneter Platz für ein Picknick. **Folgen Sie nach dem Spaziergang wieder dem Norra Kustvägen.** Auf der schmalen Straße fährt kaum ein Auto. **Nach 35 km kommen Sie nach Bjuröklubb. An der Spitze einer stillen Bucht steht der gleichnamige ❻ Leuchtturm**, der heute ein **Café** *(Juni/Aug. tgl. 11–18, Juli tgl. 11–20 Uhr)* beherbergt und Gästezimmer *(7 Betten | www.bjuroklubb.se |*

31 km
❸ Byske

TAG 2
33,5 km
❹ Skellefteå
22,5 km
❺ Bureå
37,5 km
❻ Leuchtturm

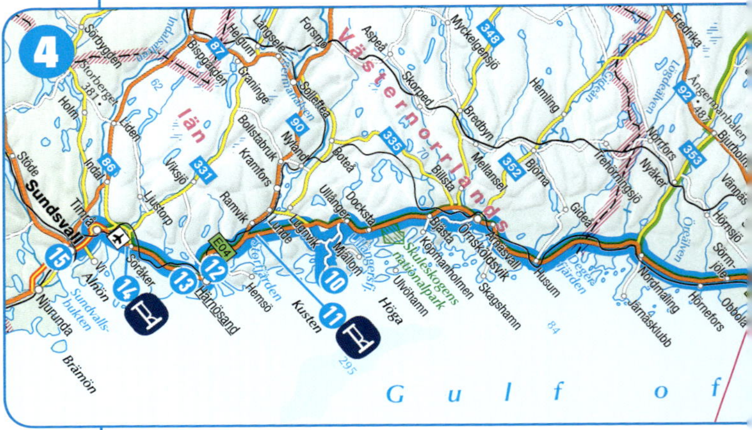

350 m	
❼ Jungfrauenhafen	
TAG 3	
27 km	
❽ Lövanger	
87,5 km	
❾ Umeå	
188 km	
❿ Bönhamn	
42,5 km	
⓫ Hotel Höga Kusten	

€€) anbietet – für Verpflegung außerhalb der Café-Öffnungszeiten müssen Gäste allerdings selbst sorgen. Verpassen Sie nicht, zum ❼ Jungfrauenhafen zu spazieren; hier wurde im 13. Jh. ein Hafen angelegt. Im Wald dahinter stehen Reste mittelalterlicher Behausungen.

Nach dem Frühstück fahren Sie wieder auf die E4 und setzen Ihre Fahrt Richtung Lövanger fort. In der Kirchenstadt von ❽ Lövanger, die zu den am besten erhaltenen des Landes gehört, schliefen früher die von weither angereisten Gläubigen. Heute befindet sich im Haupthaus das **Café Lillstugan** *(Kungsvägen 31 | Tel. 0913 102 03)* mit frischem Gebäck und leichten Speisen. **Nach weiteren 90 km auf der E4 sind Sie in ❾ Umeå** **→ S. 98**. In Europas Kulturhauptstadt des Jahres 2014 finden Sie zahlreiche Galerien und Museen zu moderner Kunst, ihre Besichtigung lohnt sich! **Über Örnsköldsvik kommen Sie in die Region Höga Kusten** **→ S. 85**. Schauen Sie sich den Fischerort **❿ Bönhamn** mit der Kapelle aus dem 17. Jh. an, bevor Sie in Sandöverken in Schwedens erstem vollständig mit Windkraft betriebenen ⓫ INSIDER TIPP **Hotel Höga Kusten** *(Hornöberget | Tel. 0613 72 22 70 | hotellhoga-kusten.se | €€€)*, schon mal für die Nacht einchecken und einen unvergleichlichen Ausblick genießen. In der traumhaften Landschaft drumherum lässt es sich gut wandern, reiten oder schwimmen, vielleicht verlängern Sie ja Ihren Aufenthalt …

Am nächsten Morgen geht es weiter nach ⑫ Härnösand. Hier lohnt sich ein Besuch in der ersten umweltgerechten Fischzuchtanlage Schwedens, bei **Regnbågen Fisk** *(Södersundsvägen | Tel. 07055 833 91)*, wo Ökodorsch und Pflanzen in trauter Einigkeit aufwachsen und der Natur guttun. Das **Freilichtmuseum Murberget** *(tgl. 11–16 Uhr | Eintritt frei | www.murberget.se)* verschafft einen Überblick über die Kulturgeschichte Nordschwedens. In der sommerlichen Hochsaison legen in Härnösand **Ausflugsschiffe** *(Tel. 07066 052 92 | www.adalen3.com | Tel. 0613 105 50 | www.hkship.se)* ab, die in die landschaftlich traumhafte Region Höga Kusten fahren. Vom vor der Stadt gelegenen ⑬ **Vårdkasberget** überblicken Sie Stadt und Umland. **Über kleine asphaltierte Landstraßen geht es nun eine Stunde in Richtung Süden**, vorbei an kleinen Seen, Bauernhöfen und durch Wälder **bis zum schön gelegenen Gutshof ⑭ Söråkers Herrgård** *(Rigstavägen 15 | Söråker | Tel. 06040 840 | www.sorakersherrgard.com | €€)*, der sich als Übernachtungsort anbietet. Im ganzjährig geöffneten ehemaligen Sommersitz eines früheren schwedischen Industriellen genießen Sie Ruhe und feines Essen aus der hauseigenen Küche.

Am nächsten Morgen geht es weiter auf der E4 nach ⑮ Sundsvall → S. 89, in die für Nordeuropa einzigartige Steinstadt aus den 1890er Jahren, wo Sie Ihre Reise schließlich beenden.

TAG 4

25,5 km

⑫ Härnösand

14,5 km

⑬ Vårdkasberget

32,5 km

⑭ Söråkers Herrgård

TAG 5

26 km

⑮ Sundsvall

SPORT & WELLNESS

Berge, weite, unbewohnte Landschaften, Flüsse, Seen und natürlich das Meer – Schwedens Natur bietet beste Voraussetzungen für Outdoorsport. Ob Skifahren, Wandern, Reiten, Segeln, Schwimmen oder Schlittschuhlaufen: Sportfreaks haben zu jeder Jahreszeit die freie Wahl. Aber auch Erholung durch Müßigang ist möglich.

Die Schweden mögen ganz besonders jede Art von Sport, der auf dem Wasser – ob flüssig oder gefroren – praktiziert wird. Begeistert schippern sie im Sommer mit dem Segelboot oder dem Kanu auf den vielen Wasserwegen umher, im Winter legen sie die gleiche Strecke mit *långfärdskridskor,* speziellen Schlittschuhen, auf dem Eis zurück. Infos erteilen in der Regel die Turistbyrås vor Ort.

ANGELN

Die vielen Flüsse und Seen sowie das Meer sind ideal für einen spannenden Angelurlaub. Besonders gute Fischgründe finden Freizeitfischer in den Flüssen *Ätran, Lagan* und *Nissan* im Süden des Landes. Wollen Sie gleich ein paar Tage angeln und entspannen, dann fahren Sie am besten in den Norden. Weit über Schweden hinaus bekannt ist das *Fischcamp Tjuonajokk (Tel. 07337 618 97 | www.fishyourdream.com)* in Lappland. Unter der Mitternachtssonne macht das Angeln besonders viel Spaß, im Winter können Sie eisfischen.

Für die schwedischen Binnengewässer wird eine Angelkarte benötigt, die es im örtlichen Turistbyrå und Sportgeschäften

Bild: Hundeschlittenrennen in Lappland

Von A wie Angeln bis W wie Wintersport: In Schweden warten jede Menge Herausforderungen auf aktive Besucher

sowie häufig an Kiosken gibt. An der Küste und den Seen *Vättern* und *Vänern* darf auch ohne Karte geangelt werden. Selbst mitten INSIDER TIPP **in der Stockholmer Innenstadt dürfen Sie ohne Genehmigung angeln** – nämlich direkt vorm Haus des Regierungschefs im Strom, der nördlich des Reichstags fließt.

FAHRRADFAHREN

Die relativ flache Landschaft macht Schweden zum perfekten Ort für Radfahrer, die gern gemütlich fahren und viel sehen möchten. Herrlich fährt es sich auf *Gotland,* dort ist es auch nie weit zum nächsten Strand. Auf dem Festland sind die Strecken im Süden – vorbei an blühenden Feldern, felsigen und sandigen Küstenabschnitten, Seen und Flüssen – die schönsten *(z. B. Astrid Lindgrenleden, Smålandsleden, Dalslandsleden).* Von Skåne bis hinauf nach Lappland führt der über 2500 km lange *Sverigeleden,* entlang der Ostküste und hinaus in die Schären der *Kustlinjen.*

Die Strecke ist besonders reizvoll, weil sie – mit Fähren – auch in die Stockholmer Schären führt. *Infos und Karten: Svenska Cykelsällskapet | Tel. 08 7516204 | www.svenska-cykelsallskapet.se*

GOLF

Weil es in Schweden so viel Platz gibt, ist der Golfsport relativ preiswert und nicht so exklusiv wie in anderen Ländern. Viele Clubs liegen herrlich am Meer oder in der Heidelandschaft, am größten ist die Auswahl im Süden. Informationen zum Thema Golf erhalten Sie beim Schwedischen Golfverband: *Svenska Golfförbundet | Tel. 08 6221500 | www.golf.se*

KANU- & KAJAKFAHREN, RAFTING

Die vielen Flüsse, die miteinander verbundenen Seen und die Schären sind hervorragende Reviere für Kanu- und Kajaktouren. Wer ruhige und entspannte Fahrten mag, paddelt am besten auf den Binnengewässern im Süden (z. B. in der Seenlandschaft nördlich von *Gnesta,* um *Växjö* oder bei *Jönköping*), nachts darf am Ufer gezeltet werden. Raue Wildwassertouren sind in *Värmland* möglich. Auch durch die *Stockholmer Schären* kann gepaddelt werden. *Infos: Svenska Kanotförbund | Tel. 0155 209080 | www.kanot.com | www.kanotguiden.com*

REITEN

Schön sind mehrtägige Reittouren durch die unberührte Natur entlang dem *Hallandleden* südlich von Göteborg oder im *Södermanland* südwestlich von Stockholm. Übers ganze Land verteilt gibt es Pferdehöfe, die Touren und Trips organisieren sowie Reitunterricht geben. *Infos: www.ostgotahast.se*

Kungsleden: der berühmteste Wanderweg Schwedens bietet spektakuläre Naturerlebnisse

SEGELN

Die schönsten Segelreviere sind die Schären vor Göteborg und Stockholm sowie die Gegend um die Inseln Öland und Gotland. Dort gibt es zahlreiche Segelschulen und viele Veranstalter, die Törns organisieren. *Broschüre mit Gästehäfen: Gästhamnsguiden AB | Tel. 0474 4 82 85 | www.gasthamnsguiden.se*

WANDERN & TREKKING

Im Norden, z. B. im *Abisko-Nationalpark*, sind tagelange Trekkingtouren durch die unberührte, steppenartige Landschaft möglich, ohne mehr als einer Handvoll Menschen zu begegnen. Der Wanderweg entlang der *Höga Kusten (Högakustenleden)* im Osten bietet einen phantastischen Blick über die Küste. Entspannte, kürzere Touren führen am See *Vänern (Kinnekileleden)* vorbei sowie durch *Värmland* oder *Dalarna.* Der berühmteste schwedische Wanderweg, der *Kungsleden,* geht von *Abisko* in Lappland bis hinunter nach *Dalarna*. Die meisten Wanderwege sind gut ausgeschildert. Dank Jedermannsrecht können Sie meist problemlos zelten, oft gibt es auch Hütten. *Infos: Svenska Turistföreningen | Tel. 08 4 63 21 00 | www.svenskaturistforeningen.se*

WELLNESS

Viele Gutbesitzer haben von Landwirtschaft auf Wellness umgestellt. Weit ab von urbanen Zentren sind großzügige Wellnesslandschaften entstanden, meist in der Nähe von Seen. Manche Gutsanlagen bieten Golf- und Tennisplätze, Gourmetrestraurants oder Aktivitäten mit Tieren für Kinder *(www.bopalantgard.se)*. Auch in der Abgeschiedenheit der Schären vor Stockholm finden Erholungsuchende Wellnessangebote. Neben klassischen Spas gibt es Zentren mit Yoga- und Meditationskursen *(http://visitskargarden.se)*.

WINTERSPORT

Langlauftouren sind in ganz Schweden möglich: Gleiten Sie in Stockholm über die Insel *Djurgården* und die zugefrorene Ostsee, unternehmen Sie mehrtägige Touren in *Lappland,* z. B. mit logistischer Unterstützung des *Camp Ripan (Tel. 0980 6 30 00 | www.campripan.se)* in Kiruna oder *Dundret (Tel. 0970 1 45 60 | www.dundret.se)* in Gällivare. Die meisten Abfahrtshänge sind eher bescheiden, aber für Anfänger und Kinder wunderbar geeignet. Wer es anspruchsvoller mag, fährt in die Gegend um *Åre* und *Idrefjället* oder zur *Offpisttour* nach *Björkliden.* In *Riksgränsen* kann bis Ende Juni unter der Mitternachtssonne gefahren werden. Die besten Skigebiete des Landes befinden sich in *Vemdalen (Tel. 0682 4 13 60 | www.vemdalen.se)* in der Provinz Härjedalen und in der WM-Destination *Åre (Tel. 0647 1 63 21 | www.are.se)*.

Schwedischer Nationalsport ist das Gleiten über die zugefrorene Ostsee oder einen der vielen Kanäle mit den *långfärdskridskor,* Schlittschuhen mit besonders langen Kufen. Diese Fortbewegungsart sollte nur mit Sicherheitsausrüstung und ortskundigem Führer unternommen werden. *Infos: Svenska Turistföreningen | Tel. 08 4 63 21 00 | www.stf.nu*

Immer beliebter werden Hundeschlittentouren durch Nordschweden. Touren haben etwa der deutsche Veranstalter *Ice Adventure (Uhlandstr. 27 | Berlin | Tel. 030 54 71 08 40 | www.ice-adventure.net)* oder *Visit Idre (Tel. 0771 99 88 00 | www.visitidre.se)* in Nordwestdalarna im Angebot.

Auch Schneeschuhwanderungen sind möglich, etwa in Värmland *(Erlebnis Profis | Ekshärad | Tel. 0563 4 41 66 | www.erlebnis-profis.de).*

MIT KINDERN UNTERWEGS

Schweden ist ein sehr familienfreundliches Land. Staat und Gesellschaft unterstützen Eltern ganz besonders.

Familien, die in Schweden Urlaub machen, spüren das kinderfreundliche Klima: In Restaurants gibt es Hochstühle und preiswertere Kinderportionen. In vielen Hotels schlafen Kinder im Elternzimmer gratis. Auf dem Bahnticket von Vater oder Mutter fahren jeweils zwei Kinder bis 15 Jahre kostenlos mit, dazu gibt es Familienangebote auch für ältere Kinder (bis 19 J.). Museen haben oft einen Raum, in dem Kinder eigene Kunstwerke produzieren können.

Auch zeigen die Schweden sehr große Toleranz, wenn Kinder schreien, rumlaufen oder ganz allgemein Krach machen. Das gehört hier zum Kindsein einfach dazu.

STOCKHOLM

GRÖNA LUND ● (U F5–6) (*f5–6*)

Traditionsreicher Vergnügungspark auf der Insel Djurgården mit Attraktionen wie Achterbahn und Kettenkarussell. Mit Café und Restaurant. *Mai–Sept. Mo–Sa 10–22, So 10–20 Uhr | Eintritt ohne Fahrten 120 SEK (an Konzertabenden 18–20.30 Uhr 220 SEK) | Lilla Allmänna Gränd 9 | Tel. 01070 8 91 00 | www.gronalund.se*

JUNIBACKEN ● (U E4) (*e4*)

Im Kindermuseum Junibacken tauchen die Kleinen in die Welt der Astrid Lindgren ein. Treffen Sie Pippi Langstrumpf in der Villa Kunterbunt, und besuchen Sie INSIDER TIPP Schwedens größte Kinderbuchhandlung. Mit Bistro. *Juni/Aug. tgl.*

Bild: Mädchen auf dem Kungsleden-Wanderweg

Gern gesehene Gäste: In Astrid Lindgrens Heimatland sind Reisen mit Kindern ein ausgesprochenes Vergnügen

10–17, Juli tgl. 10–18, Sept.–Mai Di–So 10–17 Uhr | Erw. 179, Kinder bis 15 Jahre 149 SEK | Galärvarvsvägen | Djurgården | Tel. 08 58 72 30 00 | www.junibacken.se

DER SÜDEN

ASTRID LINDGRENS VÄRLD
(141 D2) *(🕮 D15)*
In Vimmerby, dem Heimatort der Schriftstellerin, ist für Kinder die ganze Welt der Lindgren-Geschichten nachgebaut worden. Auf dem riesigen Areal stehen Pippis Villa Kunterbunt, Michels Hof von Kattult und das Dorf Bullerbü. Außerdem Theateraufführungen. Mit Café und Restaurant. *Mai tgl. 10–17 Uhr | Erw. 270 SEK, Kinder bis 12 Jahre 195 SEK | Juni–Aug. tgl. 10–18 Uhr, Eintritt dann 410 SEK (Erw.) bzw. 300 SEK (Kinder) | Vimmerby | Tel. 0492 798 00 | www.alv.se*

KREATIVUM (140 C4) *(🕮 C17)*
Im Entdeckerzentrum in Karlshamn lernen Kinder spielend naturwissenschaftliche Phänomene kennen. Der Geruchssinn

wird beim Ratespiel auf die Probe gestellt, Zauberspiegel führen den Sehsinn in die Irre. Kinder können einen Animationsfilm produzieren, ein Boot bauen und Papier herstellen. Spannende naturwissenschaftliche Filme zeigt das 3D-Kino. Bringen Sie Ihr Picknick mit oder gehen Sie ins Café. *Schulferien tgl. 10–17, sonst Fr–So 11–16 Uhr | Erw. 150 SEK, Kinder 115 SEK | Strömmavägen 28 | Karlshamn | Tel. 0454 30 33 60 | www.kreativum.se*

WESTKÜSTE

HALMSTAD ÄVENTYRSLAND

(140 B3) *(B17)*

Sechs Themenparks gibt es im Abenteuerland vor den Toren Halmstads. Im Miniland stehen die berühmtesten Schlösser Schwedens im Maßstab 1:25 nachgebaut, Dinosaurier in Originalgröße gibt es im Dinoland, außerdem können Sie eine Kirmes, ein Märchen- und ein Piratenland besuchen. Mit Restaurant. *Juni–Aug. tgl. 10–19 Uhr | Eintritt 250 SEK, Kinder unter 90 cm 75 SEK | Gamla Tylösandsvägen 1 | Tel. 035 10 84 60 | www.aventyrslandet.se*

UNIVERSEUM (140 A2) *(B15)*

Im größten Science-Zentrum Nordeuropas schwitzen Besucher im Regenwald, reisen in den Weltraum oder erforschen die Meerestiefen. Ein aufregendes Paradies, lehrreich nicht nur für Kinder. Im Museumsshop gibt's kluge Spiele und coole Spielsachen. *Tgl. 10–18 Uhr | Erw. ab 190 SEK, Kinder 3–16 Jahre ab 135 SEK | Södra vägen 50 | Tel. 031 3 35 64 50 | www.universeum.se*

MITTELSCHWEDEN

VILDMARK I VÄRMLAND

(142 B3) *(B12)*

Bauen Sie mit Ihren Kindern unter Anleitung ein Floß und schippern Sie

Abtauchen in die Tiefen des Meeres: Universeum

den Klarälv hinunter. Die Experten von *Vildmark i Värmland* zeigen Ihnen, wie es geht, und begleiten Sie auf ein- bis siebentägigen Touren. Im Angebot sind auch Kanu- und Klettertouren. *Aktivitäten: Erw. ab 940 SEK, Kinder bis 14 Jahre 470 SEK | Torsby | Tel. 0560 140 40 | www.vildmark.se*

BARNENS Ö (142 C5) (*🕮 D13*)
Auf der Kinderinsel in Örebro gibt es alles im Miniformat. Die Kinder fahren mit dem Liliputzug oder kleinen Elektroautos in den Tierpark oder zum Spielplatz. *Mai bis Aug tgl. 10–18 Uhr | Eintritt frei | Örebrö | Tel. 019 14 96 10 | www.storaholmen.se*

DER MITTLERE NORDEN

FURUVIK (143 E3) (*🕮 E12*)
Ein Paradies für Kinder und Erwachsene an der Ostsee mit Tierpark, Rummelplatz und einem umfassenden Kulturangebot. Neben rasanten Fahrgeschäften gibt es auch einen Kinderzirkus und einen Swimmingpool. Am Eingang des Parks sind alte DB-Schlafwagen aufgestellt, in denen Besucher übernachten können. *Mai–Aug. 10–21 Uhr | Eintritt Erw. 225 SEK, Kinder bis 12 Jahre 185 SEK | www.furuvik.se | 20 km südlich von Gävle mit eigenem Bahnhof*

LEKSAND SOMMARLAND
(142 C2) (*🕮 D11*)
Schwimmbäder mit Rutschbahn, Hüpf- und Kletterburgen, Motorgokarts sowie Tret- und Elektroboote begeistern Groß und Klein. *Juni/Aug. tgl. 10–17, Juli tgl. 10– 18 Uhr | Eintritt 350 SEK, Kinder unter 1 m frei | Leksand am Siljan-See | Tel. 0247 138 300 | www.sommarland.nu*

VERKET (143 D3) (*🕮 D12*)
Für Technikinteressierte und Abenteuerlustige: Entdecken Sie, wie es früher in einem schwedischen Erzwerk zuging. *Juni–Aug. tgl. 10–18 Uhr | Erw. 100 SEK, Kinder 13–17 Jahre 35 SEK, unter 13 Jahre gratis | Koppardalen i Avesta | Avesta | Tel 0226 64 51 62 | www.verket.se*

DER NORDEN

LILLEPUTTLANDET (145 F2) (*🕮 G6*)
Abenteuerpark mit mehr als 30 Angeboten von Gold waschen über Schatzsuche bis hin zu Cowboy spielen. Pädagogisches fehlt auch nicht: Es gibt z. B. eine Verkehrsschule mit Elektroautos. *Ende Juni–Anfang Aug. Sa–Do 11–17 Uhr | Eintritt 80 SEK | Stämningsgården | 5 km vor Skellefteå an der Straße 95 | Tel. 0910 5 63 33 | www.lilleputtlandet.se*

LYCKSELE DJURPARK (145 E2) (*🕮 F7*)
In Schwedens nördlichstem Tierpark leben vor allem die Tiere, die es dort auch in freier Wildbahn gibt: Braunbären, Luchse, Elche, Polarfüchse und Rentiere. Außerdem gehört ein Park mit Kletterturm, Karussell und Elektrobooten dazu. Mit Restaurant. *Öffnungszeiten und Preise variieren sehr nach Jahreszeit s. Website für Info | Brännbergsvägen | Lycksele | Tel. 0950 163 63 | www.lyckseledjurpark.com*

PITE HAVSBAD (145 F1) (*🕮 G6*)
Ein Familienparadies an der nördlichsten Nordsee mit Abenteuerpools, Musikveranstaltungen (Konzerte im Winter, Festivals im Sommer) sowie Aktivitäten für Jung (Spielhaus „Nimbys Värld" für Kinder unter 12 J. mit Kletterwand, Rutschen, Mini-Go-Kart-Bahn) und Alt (großer Wellnessbereich). Im Winter gibt es eine Gokartbahn auf Eis und Hundeschlittentouren. *Mo–Do 16–20, Fr 14–20, Sa/So 10–18 Uhr | Eintritt Erw. 80 SEK, Kinder bis 14 Jahre 50 SEK | Hotellvägen 50 | Piteå | Tel. 0911 3 27 00 | www.pite-havsbad.se*

EVENTS, FESTE & MEHR

EVENTS & NEWS

→ S. 2/3

Schwedische Feste werden meist traditionell begangen – es wird gegessen, getrunken, gesungen und getanzt. Während an *midsommar* zu Trinkliedern Schnaps in Strömen fließt, stimmen die Schweden an *Lucia* Weihnachtslieder an und trinken *julöl,* süßliches Weihnachtsbier. Die meisten Feste finden im Sommer statt, wenn es fast rund um die Uhr hell ist.

LOKALE FESTE

JANUAR/FEBRUAR

Kiruna Snöfestival: In Lappland werden Ende Januar die besten Schnee- und Eisskulpturen prämiert. Außerdem Rentierrennen. *www.snofestivalen.se*

Göteborg Filmfestival: Ältestes, größtes Filmfest Nordeuropas; eine Woche mit Filmfans, Regisseuren und Schauspielern. *giff.se*

Jokkmokk Marknad: 1605 schlugen die Samen erstmals ihr Winterlager in Jokkmokk auf um zu handeln. Noch heute wird dort Ende Februar samisches Kunsthandwerk angeboten. *www.jokkmokksmarknad.se*

MÄRZ

Vasaloppet: Das Skilanglaufrennen zwischen Sälen und Mora wird in der ersten Märzwoche von Festen und Konzerten begleitet. *www.vasaloppet.se*

30. APRIL/1. MAI

Valborg: Mit riesigen Lagerfeuern an der Küste und Picknick im Park wird die Ankunft des Frühlings gefeiert. Danach geht es zur traditionellen Maikundgebung.

JUNI

★ ***Midsommar:*** Höhepunkt des Jahres. Am Freitag nach der Sommersonnenwende (21. Juni) ziehen die Schweden aufs Land, um den längsten Tag zu feiern. In Trachten gekleidet tanzt man um die Mittsommerstange *majstång* herum.

Peace & Love: Junges Rock- und Popfestival mit gesellschaftspolitischem Anstrich in Schwedens Musikhauptstadt Borlänge

Allsång: Einst traf sich das ganze Dorf zum gemeinsamen Singen. Im Stockholmer Freilichtmuseum Skansen wird die Tradition jedes Jahr auf einer Bühne zelebriert. Andernorts findet der *allsång* in kleinerer Form statt. *Ende Juni–Anfang August*

JULI

Storsjöyran: Schwedens ältestes Musikfestival, in Östersund. *yran.se*

Kultur i Tiomilaskogen: In den Wäldern zwischen Värmland und Dalarna findet Ende Juli das vielleicht außergewöhnlichste Festival des Landes statt. Viele kleine Hütten und Seestrände werden zur

Träume aus Eis, Trachtentänze und Teller voller Flusskrebse: Die Schweden feiern das ganze Jahr über, vor allem aber im Sommer

Bühne für Gesang, Theater, Musik und Kurioses. *www.kulturitiomilaskogen.se*

AUGUST

Medeltid: In der ersten Augusthälfte lassen viele Orte das Mittelalter wieder aufleben. Empfehlenswert: die Festivals in Visby (Gotland) und in Arboga.
Kräftskiva: Den ganzen August laden Familien und Firmen zum Flusskrebseessen *kräftskiva* mit Liedern und Schnaps ein.

OKTOBER

Stockholm Jazzfestival: Auf der Insel Skeppsholmen mitten in der Hauptstadt treten lauter bekannte Musiker auf, dabei wird außer Jazz auch Soul und Pop gespielt. *www.stockholmjazz.com*

DEZEMBER

Lucia: Mit vielen Kerzen auf dem Kopf bringt Santa Lucia Licht ins Dunkel. Weil man früher annahm, die Wintersonnenwende sei am 13. Dezember, findet das Fest an diesem Tag statt.

FEIERTAGE

1. Jan. — *Nyårsdagen* (Neujahrstag)
6. Jan. — Heilige Drei Könige
Karfreitag/Ostermontag — *Påsk* (Ostern)
1. Mai — *Majdagen*
Christi Himmelfahrt — *Kristi himmelsfärd*
6. Juni — Nationalfeiertag
Freitag nach dem 21. Juni — *Midsommarafton*
Samstag nach dem 21. Juni — *Midsommardagen*
1. Nov. — *Alla helgons dag* (Allerheiligen)
25. Dez. — *Juldagen* (Weihnachten)
26. Dez. — *Annandag jul* (Stefanstag)
31. Dez. — *Nyårsafton* (Silvester)

LINKS, BLOGS, APPS & CO.

LINKS & BLOGS

www.marcopolo.de/schweden Ihr Online-Reiseführer mit allen wichtigen Informationen, Highlights und Tipps, interaktivem Routenplaner, spannenden News und Reportagen sowie inspirierenden Fotogalerien

www.schwedentipps.se bietet eine breite Palette von Hinweisen, Informationen und Unterhaltung zu, von, über und mit Schweden – und das alles in deutscher Sprache

short.travel/swe1 Wer einen längeren Aufenthalt in Schweden plant, der sollte sich unbedingt die 20 höchst wissenswerten Dinge, die hier beschrieben werden, zu Gemüte führen, bevor er sich auf den Weg in den hohen Norden macht

takvandring.com Schweden von oben lässt sich am besten per Dachspaziergang entdecken. Diese besondere Form von Ausflügen, die in der Hauptstadt und Sundsvall angeboten werden, zeigt die Website

www.virtualsweden.se Der Fotoblog des Fotografen und Webentwicklers Jonas Carlson Almqvist nimmt Sie mit auf interaktive Erkundungstouren durch Schlösser, Fabriken und Bergwerke

www.blog-schweden.de Der klassische deutschsprachige Schwedenblog, für „Fans, die zuhause geblieben sind", wie es heißt. Ob Lappland, Sprache oder Jazzszene, zu jedem Thema bloggt eine ganz Schar von Kennern

www.bjoerklunda.de/index.cfm/de/blog/ Blog und Reiseführer für Schwedenkenner und solche, die es werden möchten. Beinhaltet auch grundlegende Tipps und Informationen

short.travel/swe22 Facebook-Seite der schwedischen Touristeninformation VisitSweden

lagom89.wordpress.com In ihrem Blog „Lagom – Schwedisches Lebensgefühl" berichtet die „schwedenver-

Egal, ob für Ihre Reisevorbereitung oder vor Ort: Diese Adressen bereichern Ihren Urlaub. Da manche sehr lang sind, führt Sie der short.travel-Code direkt auf die beschriebenen Websites. Falls bei der Eingabe der Codes eine Fehlermeldung erscheint, könnte das an Ihren Einstellungen zum anonymen Surfen liegen

rückte“ Österreicherin Conny über ihre Liebe zu diesem Land

www.facebook.com/schwedisch Community der deutsprachigen Schwedenkenner, -liebhaber, -fans etc. auf Facebook

www.elchburger.de Portal von Skandinavienfans, die sich ausführlich mit allen Facetten des modernen Lebens und mit Reisen in den nordischen Ländern befassen

short.travel/swe5 Neuankömmlingen mögen der kompliziert anmutende schwedische Sozialstaat und die ungewohnten Umgangsformen Kopfzerbrechen machen. Die Community schafft Abhilfe

kleinelotta.blogspot.se Skandinavien trifft auf schwäbische Häuslebauer, der Mix überzeugt und wird durch regelmäßige Geschichten und Erzählungen auch für Noch-nicht-Schweden-Infizierte spannend

VIDEOS & MUSIK

short.travel/swe11 Mittsommer in Schweden. Warum und wie an diesem Festtag gefeiert wird, erklärt dieser Film der Deutschen Welle.

short.travel/swe9 Blaublütiges. Der Videokanal der Zeitschrift Bunte bietet einen Einblick in das Leben der schwedischen Königsfamilie

www.youtube.com/user/Sweden Der offizielle Youtube-Kanal des Schwedischen Kulturinstitutes bietet eine Art Gebrauchsanweisung für das Land im Norden

short.travel/swe12 Auftritt des schwedischen Sängers Måns Zelmerlöw beim Finale des Eurovision Song Contests in Wien 2015. Damit holte er den Wettbewerb für 2016 nach Stockholm

APPS

StreetKäk Wo steht der nächste Foodtruck und was wird dort serviert? Diese App zeigt es Ihnen, und Sie können auch gleich online bestellen (nur iOS)

Word Power Swedish Die App liefert schnell die 200 wichtigsten Begriffe und unterstützt Lernende bei der Aussprache

PRAKTISCHE HINWEISE

ANREISE

Aus Deutschland gibt es mehrere Verbindungen mit der Autofähre nach Schweden (alle Telefonnummern in Deutschland). Von Travemünde aus geht es sowohl nach Malmö *(Finnlines | 9 Std. | Tel. 04511 50 70 | www.finnlines.com)* als auch nach Trelleborg *(TT Line | 7 Std. Tel. (*)0180 6 66 66 00 | www.ttline.de)*. TT und Stena Line bedienen auch die Strecke Rostock–Trelleborg *(5,5 Std. | Stena Line (*)0180 6 02 01 00 | www.stenaline.de)*. Stena verbindet außerdem Kiel mit Göteborg *(14,5 Std.)* und Sassnitz mit Trelleborg *(4 Std.)*. Scandlines fährt von Puttgarden ins dänische *Rødby (45 Min.)*, von dort aus weiter über Kopenhagen und die Öresundbrücke *(Scandlines | Tel. 0381 77 88 77 66 | www.scandlines.de)*. Die Überfahrt *(50 EUR/Pkw)* kann online *(www.oeresund-bruecke.de)* gebucht werden.

Schweden ist per Bahn über Hamburg–Kopenhagen/Öresundbrücke bzw. Berlin–Stralsund/Eisenbahnfähre erreichbar. Innerhalb Schwedens verbinden Hochgeschwindigkeitszüge die größeren Ortschaften, zudem gibt es neben der staatlichen Eisenbahn SJ *(sj.se)* mehrere regionale Gesellschaften. Günstig sind Bahnpässe wie die *Interrailkarte* für Nordeuropa oder DB-Spezialtickets für Schweden ab 39 Euro. Innerhalb Schwedens bieten verschiedene Regionalgesellschaften im Sommer Pässe zu günstigen Konditionen an *(z. B. www.tagkompaniet.se, inlandsbanan.se)*. Da der Eisenbahnverkehr in Schweden seit einigen Jahren liberalisiert ist, gibt es attraktive Angebote, wie z. B. den Luxus-Gourmet-Zug *Blå Tåget* mit Pianobar, der Göteborg mit Stockholm und Uppsala verbindet *(www.blataget.com)*.

Für alle mit kleinem Portemonnaie und viel Zeit im Gepäck bieten sich die Fernbusverbindungen nach Schweden an. Eurolines *(eurolines.de)* bringt Sie für rund 50 Euro in 9 Std. von Berlin nach Malmö. Mit Flixbus *(flixbus.de)* fahren Sie 18 Std. von Hamburg nach Stockholm für ca. 75 Euro. Innerhalb Schwedens verbinden bequeme Langstreckenbusse die meisten Städte *(reseplanerare.resrobot.se)*.

Flüge nach Schweden sind sehr preiswert, wenn Sie frühzeitig buchen. SAS und Lufthansa bieten die

GRÜN & FAIR REISEN

Auf Reisen können auch Sie viel bewirken. Behalten Sie nicht nur die CO_2-Bilanz für Hin- und Rückreise im Hinterkopf *(www.atmosfair.de; de.myclimate.org)* – etwa indem Sie Ihre Route umweltgerecht planen *(www.routerank.com)* – , sondern achten Sie auch Natur und Kultur im Reiseland *(www.gate-tourismus.de; www.ecotrans.de)*. Gerade als Tourist ist es wichtig, auf Aspekte wie Naturschutz *(www.nabu.de; www.wwf.de)*, regionale Produkte, wenig Autofahren, Wassersparen und vieles mehr zu achten. Wenn Sie mehr über ökologischen Tourismus erfahren wollen: europaweit *www.oete.de*; weltweit *www.germanwatch.org*

Von Anreise bis Zoll

Urlaub von Anfang bis Ende: die wichtigsten Adressen und Informationen für Ihre Schwedenreise

meisten Flüge an, auch die Billigflieger Norwegian Air, Ryan Air, Easy Jet und Eurowings bedienen mehrere Strecken. Aus der Schweiz fliegen Swiss und SAS Stockholm direkt an. Österreicher erreichen den Flughafen Arlanda mit Direktflügen von Wien (Austrian).

AUSKUNFT

TOURISTENINFORMATION VISITSWEDEN

Voltvägen 32 | 83148 Östersund | Tel. 069 22223496 (aus Deutschland) | Tel. 0192 86702 (aus Österreich) | Tel. 044 5806294 (aus der Schweiz) | www.visitsweden.de

Visit Sweden ist die offizielle Website Schwedens. Die Seite ist übersichtlich gegliedert und sehr informativ. Dort finden Sie (fast) alles, was Sie zur Planung Ihres Urlaubs brauchen – auf Deutsch. Alle Regionen und Städte haben zudem ihr eigenes *turistbyrå*. Die Websites sind häufig jedoch nur auf Englisch *(z. B. visitstockholm.com, goteborg.com, malmotown.com. gotland.com)*.

AUTO

In Schweden muss rund um die Uhr mit Licht gefahren werden. Das Tempolimit in Ortschaften beträgt 50 km/h, außerhalb zwischen 70 und 110 km/h. Die Promillegrenze liegt bei 0,2. Strafen bei Verstößen gegen die Straßenverkehrsordnung sind oft drastischer als in Deutschland. Parkplätze sind in den großen Städten rar und teuer, dafür ist der öffentliche Nahverkehr gut ausgebaut. Autofahrer bezahlen in Stockholm *(max. 105 SEK/Tag)* und Göteborg *(max. 60 SEK/Tag)* von 6 bis 18.30 Uhr eine City-Maut. Die Gebühr richtet sich nach der Tageszeit. Ausgenommen sind Feiertage, Wochenenden und der Monat Juli. Die Gebühr wird an Verkehrskontrollpunkten automatisch registriert. Die Abrechnung erfolgt via *www.epass24.com*.

WAS KOSTET WIE VIEL?

Kaffee	ca. 2,70 Euro *für eine Tasse Kaffee*
Bier	ca. 5 Euro *für 0,4 Liter*
Fahrrad	27 Euro *für einen Tag in Stockholm*
Club	ca. 12 Euro *für den Eintritt*
Benzin	1,30 Euro *für einen Liter Normal*
Eis	4 Euro *für drei Kugeln in der Waffel*

DIPLOMATISCHE VERTRETUNGEN

DEUTSCHE BOTSCHAFT

Skarpögatan 9 | Stockholm | Tel. 08 6701500 | www.stockholm.diplo.de

ÖSTERREICHISCHE BOTSCHAFT

Kommendörsgatan 35/V | Stockholm | Tel. 08 6651770 | www.bmeia.gv.at/stockholm

SCHWEIZERISCHE BOTSCHAFT

Valhallavägen 64 | Stockholm | Tel. 08 6767900 | www.eda.admin.ch/stockholm

EINREISE

Für die Einreise reicht für Bürger aus EU-Staaten und der Schweiz der Personalausweis.

GELD & KREDITKARTEN

Schweden ist zwar Mitglied der Europäischen Union, die Landeswährung ist aber weiterhin die Schwedische Krone (SEK). Ums Geldwechseln brauchen Sie sich aber eigentlich nicht zu kümmern. Bargeld ist out, und Sie können wirklich alles mit Kreditkarte (mit Maestro oder V pay Funktion) bezahlen.
Falls Sie dennoch Scheine und Münzen möchten, holen Sie diese am besten am Geldautomaten oder wechseln Sie bei Forex. Kaum eine Bank in Schweden bietet noch einen Wechselservice an.

GESUNDHEIT

Versicherte werden in Schweden gegen Vorlage der europäischen Versichertenkarte behandelt. Falls Sie medizinischen Rat und Hilfe brauchen, so rufen Sie am besten zunächst das nationale Hilfstelefon (vårdguiden) unter der Nummer 1177 (vom ausländischen Handy +46 771 11 77 00) an. Dort geben Ihnen erfahrene Krankenschwestern Auskunft (auf Englisch), welcher Arzt bzw. welches Krankenhaus helfen kann. Stellen Sie sich beim Arzt/Krankenhaus auf lange Wartezeiten ein! Nur bei lebensbedrohlichen Situationen gilt der Notruf 112. Denken Sie bei Reisen in den Norden Schwedens gerne an eine kleine Reiseapotheke, in der auch Mückenmittel nicht fehlen sollte. Vor der Anreise empfiehlt sich eine Impfung gegen Frühsommer-Meningoencephalitis (FSME), die durch Zecken übertragen wird. Leitungswasser ist in der Regel bedenkenlos trinkbar.

WÄHRUNGSRECHNER

€	SEK	SEK	€
1	10,28	10	0,97
2	20,57	20	1,94
3	30,85	25	2,43
4	41,13	30	2,92
5	51,41	40	3,89
7	71,98	50	4,86
8	82,26	70	6,81
9	92,54	80	7,78
10	102,83	90	8,75

INTERNET & WLAN

Viele Cafés, Restaurants und Hotels, aber auch die meisten Städte und Gemeinden in Schweden bieten ihren Gästen kostenloses Wifi an. In Zügen und Bussen gehört das Gratis-Internet ebenfalls häufig zum Standardservice.

KLIMA & REISEZEIT

Ein dicker Pullover gehört ins Gepäck. An den Küsten herrscht mildes Klima, mit nicht zu heißen Sommern und gemäßigten Wintern. Heiße Sommer und kalte Winter gibt es im Landesinnern. Doch auch in Stockholm fällt das Thermometer manchmal unter minus 10 Grad, und die Sonne lässt sich kaum blicken. Im Sommer scheint sie dafür umso länger: Im Juni ist es fast rund um die Uhr hell.

MASSE & GEWICHTE

Wegstrecken werden in Schweden oft in schwedischen Meilen *(mil)* angegeben. Eine schwedische Meile entspricht 10 km. Bei Rezepten steht als Maßangabe häufig Deziliter statt Gramm.

MEDIEN

Die Tageszeitungen informieren über Theatervorstellungen, Konzerte und andere Veranstaltungen, Termine zu Stockholm gibt es unter *www.dn.se/pastan*. In vielen Städten wird die kostenlose Zeitung *Nöjesguiden* mit Hinweisen zu Cafés, Restaurants und Unterkünften angeboten. Speziell für Nordeuropafreunde gibt es die deutschsprachigen Magazine Nordis *(www.nordis.de)* und NORR *(www.norrmagazin.de)*.

MIETWAGEN

Mietwagen sind in Schweden relativ teuer. Wer wenig fährt, kann allerdings schon ab rund 40 Euro (400 SEK) für einen Tag einen kleinen Wagen mieten. Im Sommer gibt es oft Sonderangebote. Dichte Filialnetze und günstige Preise bieten die Tankstellenketten *Circle K (www.circlek.se)* und *OKQ8 (www.okq8.se)*.

NOTRUF

Nationale Notrufnummer ist in Schweden die 112.

Bringt Farbe ins Leben: ein Sommer in Schweden

ÖFFENTLICHE VERKEHRSMITTEL

Der öffentliche Verkehr ist gut ausgebaut und wird meist von privaten Firmen im Auftrag der Provinzen und Gemeinden betrieben. Da an den Wochenenden und v. a. im nördlichen Teil des Lands aber täglich nur wenige Verbindungen angeboten werden, ist dort eine sorgfältige Planung nötig. Auf der Website *www.resplus.se* finden Sie alle Verbindungen in Schweden. In den größeren Städten ist der Kauf einer Mehrfahrtenkarte bzw. eines Tages- oder Mehrtagespasses ein Muss, kostet doch sonst z. B. eine kurze Fahrt mit der Stockholmer Metro ab 43 SEK. Infos: *www.sl.se* (Stockholm), *www.vasttrafik.se* (Göteborg), *www.dalatrafik.se* (Provinz Dalarna).

ÖFFNUNGSZEITEN

Viele Geschäfte, vor allem Supermärkte, haben in Schweden bis abends (oft 21 Uhr und länger) sowie samstags und sonntags geöffnet. Museen, Sehenswürdigkeiten und Vergnügungsparks haben je nach Saison stark variierende Öffnungszeiten. Zwischen Mitte Juni und Mitte August, wenn in Schweden Schulferien sind und die meisten Touristen das Land bereisen, haben alle deutlich länger geöffnet als außerhalb der Saison. Gerade in kleineren Orten öffnen Museen und Restaurants außerhalb des Sommers nur eingeschränkt.

POST

Das Porto für Postkarten und Briefe (bis 20 Gramm) weltweit kostet 21 SEK. Die Postfilialen sind in den vergangenen Jahren fast verschwunden, dafür bieten viele Supermärkte und Kioske der Kette *Pressbyrån* Postdienstleistungen an.

PREISE

In den letzten Jahren sind die Preise für Urlauber in Schweden überdurchschnittlich gestiegen, was mit der verbesserten Restaurantqualität und mit der positiven Wirtschaftsentwicklung im Land zu tun hat. Buchen Sie auf jeden Fall Reisen und Übernachtungen möglichst frühzeitig und im Internet, besuchen Sie Restaurants zur Mittagszeit und nutzen Sie die weit verbreiteten Rabatte und Preisnachlässe für Kinder und Jugendliche. In Restaurants werden z. B. auf Anfrage oft Kinderermäßigungen gewährt, auch wenn sie auf keiner Menükarte auftauchen.

STROM

230 Volt Wechselstrom.

TELEFON & HANDY

Die Vorwahl für Schweden ist 0046. Vorwahl nach Deutschland: 0049, nach Österreich: 0043, in die Schweiz: 0041. Roaminggebühren wurden zwar EU-weit abgeschafft. Dies bedeutet aber nicht, dass eine Flatrate für das deutsche Netz auch automatisch eine Flatrate für das schwedische Netz ist. Prüfen Sie also genau die Konditionen Ihres Vertrags und Anbieters, auch zum mobilen Surfen.

TRINKGELD

Trinkgeld in Cafés, Restaurants oder bei Taxifahrten ist in Schweden nicht so weit verbreitet wie in anderen Ländern. Gerade in Cafés bedient man sich ohnehin oft selber, und der Service lässt leider selbst in guten Restaurants oft zu wünschen übrig. Wo aber ordentlich bis gut am Tisch serviert wird, ist es auch in Schweden üblich geworden, um bis zu 10 Prozent des Preises aufzurunden.

UNTERKÜNFTE

Auf den Websites der Touristeninformationen finden Sie ausführliche Infos zu Unterkünften in der Region. Auch die gängigen Hotelportale haben viele Angebote für Schweden. Für den Sommer empfiehlt es sich frühzeitig zu buchen.

CAMPINGPLÄTZE

Rund 400 Plätze hat der Schwedische Campingverband registriert. *www.camping.se.*

FERIEN AUF DEM BAUERNHOF

In über 300 Bauernhöfen in ganz Schweden sind Übernachtungsgäste willkommen. Oft wird ihnen neben Bett und Küche auch ein Aktivitätsprogramm geboten (Reiten, Kühe melken, Heuschobernacht etc.). Viele Höfe bieten zudem Mahlzeiten aus umweltgerecht vor Ort produzierten Lebensmitteln an. *www.bauernhofurlaub-schweden.de*

FERIENHÄUSER & FERIENDÖRFER

Viele Ferienhäuser in Schweden werden über große Anbieter vermittelt und sollten vor allem in der Hauptsaison schon weit im Voraus gebucht werden. Informationen gibt es bei Visit Sweden *(visitsweden.de)*, dem örtlichen Turistbyrå und in Reisebüros. Im Internet annoncieren zudem zahlreiche Privatpersonen und Vermittler. An vielen Stellen gibt es auch Feriendörfer *(semesterby)*. Diese Ansammlungen von preiswerten Hütten haben meist einfacheren Standard, liegen aber oft an schönen Orten, an einem See oder am Meer.

JUGENDHERBERGEN, B & B

Adressen von zum Teil sehr idyllisch gelegenen und komfortablen Jugendherbergen finden Sie beim schwedischen Touristenverein *(www.svenskaturistforeningen.se)* und dem Schwedischen Wanderheimverband *(www.svif.se)*. Preiswerte Bed-&-Breakfast-Unterkünfte können Sie sowohl in den Städten als auch auf dem Land finden.

ZEIT

In Schweden gilt die mitteleuropäische Zeit inklusive Sommerzeit.

ZOLL

Für die Ein- und Ausfuhr von Waren nach/von Schweden gelten die Bestimmungen der EU. Als Richtwerte für Ein- und Ausfuhr dienen folgende Mengen: 10 l Spirituosen, 20 l Dessertweine, 90 l Wein oder 110 l Bier. Hinzu kommen die generellen Obergrenzen von 800 Zigaretten oder 200 Zigarren *(www.tullverket.se)*. Bis auf Norwegen gehören alle nordischen und baltischen Nachbarländer der EU-Zollunion an.

WETTER IN STOCKHOLM

	Jan.	Feb.	März	April	Mai	Juni	Juli	Aug.	Sept.	Okt.	Nov.	Dez.
Tagestemperaturen in °C	-1	-1	3	8	14	19	22	20	15	9	5	2
Nachttemperaturen in °C	-5	-5	-4	1	6	11	14	13	9	5	1	-2
Sonnenschein Stunden/Tag	1	2	5	7	9	10	9	7	6	3	1	1
Niederschlag Tage/Monat	10	7	6	7	7	8	9	10	9	9	10	11
Wassertemperaturen in °C	3	1	1	2	5	10	15	15	13	10	7	4

Sonnenschein Stunden/Tag · Niederschlag Tage/Monat · Wassertemperaturen in °C

SPRACHFÜHRER SCHWEDISCH

AUSSPRACHE

Zur Erleichterung der Aussprache sind alle schwedischen Wörter mit einer einfachen Aussprache (in eckigen Klammern) versehen. Im Schwedischen ist das persönliche „Du" üblich. Diesem Brauch wurde auch im vorliegenden Sprachführer gefolgt. Im Deutschen wurde jedoch das „Sie" beibehalten.

AUF EINEN BLICK

ja/nein/vielleicht	ja [ja]/nej [nei]/kanske [kannsche]
Bitte./Danke.	Varsågod. [wascheguud]/Tack. [tack]
Entschuldige./Entschuldigen Sie.	Ursäkta./Förlåt. [ührschäckta/förloht]
Wie bitte?	Ursäkta? [Ührschäckta]
Ich möchte .../ Haben Sie ...?	Jag skulle gärna vilja ... [ja skülle järna willja ...]/ Har du ...? [hah dü ...]
Wie viel kostet ...?	Hur mycket kostar ...? [hühr mücke koßta ...]
Das gefällt mir (nicht).	Det tycker jag (inte) om. [deh tücker ja (innte) omm]
gut/schlecht	bra [brah]/dåligt [dohlitt]
Hilfe!/Vorsicht!/Achtung!	Hjälp! [jellp]/Se upp! [ßeh üpp]/Observera! [oppserrwehra]
Krankenwagen	ambulans [ammbuhlanß]
Polizei/Feuerwehr	polisen [pohlißenn]/brandkåren [branntkohren]

BEGRÜSSUNG & ABSCHIED

Guten Tag!/Hallo!	Hej! [hej]
Guten Morgen!/Gute Nacht!	God morgon! [guh morronn]/God natt! [guh natt]
Auf Wiedersehen./Tschüss!	Hej! [hej]/Hej då! [hejdoh]
Ich heiße ...	Jag heter ... [ja hehter ...]
Wie heißen Sie?/Wie heißt Du?	Vad heter du? [wah hehter düh]

DATUMS- & ZEITANGABEN

Montag/Dienstag	måndag [monndahg]/tisdag [tihßdahg]
Mittwoch/Donnerstag	onsdag [unnsdahg]/torsdag [tuhrschdahg]

Pratar du svenska?

„Sprichst du Schwedisch?" Dieser Sprachführer hilft Ihnen, die wichtigsten Wörter und Sätze auf Schwedisch zu sagen

Freitag/Samstag	fredag [frehdahg]/lördag [löhrdahg]
Sonntag/Werktag	söndag [ßönndahg]/vardag [wahrdahg]
heute/morgen/gestern	idag [ihdahg]/i morgon [ih morron]/igår [ihgohr]
Stunde/Minute	timme [timme]/minut [mihnüht]
Tag/Nacht/Woche	dag [dahg]/natt [natt]/vecka [wecka]
Monat/Jahr	månad [mohnahd]/år [ohr]
Wie viel Uhr ist es?	Vad är klockan? [wah ehr klockann]/Hur mycket är klockan? [hühr mücke ehr klockann]

UNTERWEGS

offen/geschlossen	öppet [öppet]/stängt [stennkt]
Abfahrt/Abflug/Ankunft	avgång [ahwgonng]/avgång [ahwgonng]/ankomst [annkommßt]
Toiletten Damen/Herren	toaletter [toaletter]/damtoalett [dahmtoalett]/herr-toalett [herrtoalett]
(kein) Trinkwasser	(inget) dricksvatten [ingett dreickswatten]
Wo ist ...?/Wo sind ...?	Var är ...? [wahr ehr ...]
links/rechts	vänster [wenster]/höger [höhger]
geradeaus/zurück	rakt fram [rahkt frahm]/tillbaka [tillbahka]
nah/weit	nära [nähra]/långt [longt]
Bus/Straßenbahn	bus [buss]/spårvagn [spohrwang]/
U-Bahn/Taxi	tunnelbana [tunnelbahna]/taxi [taxi]
Parkhaus	parkeringshus [pahrkehringßhühß]
Bahnhof/Hafen	centralstationen [ßentrahlstaschjohnen]/hamnen [hammnenn]
Flughafen	flygplatsen [flühgplatßen]
Fahrplan/Fahrschein	tidtabell [tihdtabell]/biljett [biljett]
einfach/hin und zurück	enkel [enkell]/tur och retur [tühr ock rehtühr]
Zug/Gleis	tåg [tohg]/spår [spohr]
Ich möchte ... mieten.	Jag skulle gärna vilja hyra. [ja skülle järna willja hühra]
ein Auto/ein Fahrrad	en bil [ehn bihl]/en cykel [ehn ßückell]
ein Boot	en båt [ehn boht]
Tankstelle	mack [mack]/bensinstation [benßihnstaschjohn]
Benzin/Diesel	bensin [benßihn]/diesel [dihßell]
Ich habe eine Panne.	Min bil har gått sönder. [mihn bihl hahr gott ßönnder]

ESSEN & TRINKEN

Reservieren Sie uns bitte für heute Abend einen Tisch für vier Personen.	Vänligen boka ett bord till fyra personer för i kväll. [wähnligen buhka ett buhrd till führa perrschohner föhr ikwell]

Die Speisekarte, bitte.	Menyn, tack. [mehnühn tack]
Könnte ich bitte ... haben?	Skulle jag kunna få ...? [skülle ja kunna foh ...]
ein Messer/eine Gabel/einen Löffel	en kniv [ehn knihw]/en gaffel [ehn gaffell]/en sked [ehn schehd]
Salz/Pfeffer/Zucker	salt [sallt]/peppar [peppahr]/socker [ßocker]
Ich möchte zahlen, bitte.	Jag skulle gärna vilja betala, tack. [ja skülle järna willja behtahla tack]
Rechnung/Quittung	nota [nuhta]/kvitto [kwittu]

EINKAUFEN

Wo finde ich ...?	Var någonstans hittar jag ...? [wahr nonnstannß hittahr ja ...]
Ich möchte .../Ich suche ...	Jag skulle gärna vilja ha ... [ja skülle järna willja ha ...]/ Jag letar efter ... [ja lehtar effter ...]
Apotheke	apotek [apohtehk]
Bäckerei/Markt	bageri [bahgehrih]/torget [torrjett]
Supermarkt	stormarknad [s-tuhrmarknatt]
Zeitungsladen	pressbyrån [pressbührohn]
Spirituosengeschäft	systembolaget [süßtehmbuhlahgett]
100 Gramm/1 Kilo	ett hekto [ett hecktu]/ett kilo [ett chihlu]
mehr/weniger	mer [mehr]/mindre[minndre]

ÜBERNACHTEN

Ich habe ein Zimmer reserviert.	Jag har bokat ett rum. [ja hahr buhkatt ett rümm]
Haben Sie noch ...?	Har du ... kvar? [hahr düh ... kwahr]
Einzelzimmer	enkelrum [ennkellrümm]
Doppelzimmer	dubbelrum [dübbellrümm]
Frühstück	frukost [fruhkoßt]
Dusche/Bad	dusch [dusch]/bad [bahd]
Balkon/Terrasse	balkong [ballkong]/terrass [terrass]
Schlüssel/Zimmerkarte	nyckel [nückell]/nyckelkort [nückellkurtt]
Gepäck/Koffer/Tasche	bagage [bahgahsch]/väska [weßka]/väska [weßka]

BANKEN & GELD

Bank/Geldautomat	bank [bannk]/bankomat [bannkohmaht]
Geheimzahl	kod [kohd]
Ich möchte ... Euro wechseln.	Jag skulle gärna vilja växla ... euro. [ja skülle järna willja wexla ... juhroh]
bar/ec-Karte/Kreditkarte	kontant [konntannt]/kort [kurt]/kort [kurt]
Banknote/Münze	sedel [ßehdell]/mynt [münnt]
Wechselgeld	växel [wexell]

GESUNDHEIT

Arzt/Zahnarzt/Kinderarzt	läkare [lähkarre]/tandläkare [tanndlähkarre]/barnläkare [bahrnlähkarre]
Krankenhaus/Notfallpraxis	sjukhus [schühkhühß]/akutmottagning/akuten [ackühtmuhttahgning/ackühtenn]
Fieber	feber [fehber]
Schmerzen	ont/smärtor [unnt/smärrturr]
Durchfall/Übelkeit	diarrhé [diarreh]/illamående [illamohennde]
entzündet/verletzt	inflammerat [inflammehrat]/skadat [skahdatt]
Mückenschutzmittel	myggmedel [müggmehdell]
Schmerzmittel/Tablette	smärtstillande medel [smärtstillande mehdel]/tablett [tablett]

TELEKOMMUNIKATION & MEDIEN

Briefmarke/Brief	frimärke [frihmerke]/brev [brehw]
Postkarte	vykort [wühkurt]
Ich suche eine Prepaidkarte für mein Handy.	Jag letar efter ett prepaidkort till min mobil. [ja lehtar effterr ett prihpejdkurt till mihn mohbihl]
Wo finde ich einen Internetzugang?	Var hittar jag tillgång till internet? [wahr hittahr ja tillgong till internet]
Steckdose/Adapter/Ladegerät	elkontakt [ehlkontakt]/adapter [adapter]/laddare [laddarre]
Computer/Batterie/Akku	dator [dahturr]/batteri [batterih]/batteri [batterih]
At-Zeichen („Klammeraffe")	snabel a [snahbell ah]
Internetadresse (URL)	URL [ü-err-ell]
E-Mail-Adresse	mailadress [mejladress]
Internetanschluss/WLAN	internetanslutning [internétanslütning]/trådlöst internet [trohdlöhst internet]

ZAHLEN

0	noll [noll]	20	tjugo [schügoh]
1	ett [ett]	30	trettio [tretti]
2	två [twoh]	40	fyrtio [führti]
3	tre [treh]	50	femtio [femmti]
4	fyra [führa]	60	sextio [sexti]
5	fem [femm]	70	sjuttio [schütti]
6	sex [sex]	80	åttio [otti]
7	sju [schüh]	90	nittio [nitti]
8	åtta [otta]	100	hundra [hünndra]
9	nio [nihju]	200	tvåhundra [twohhünndra]
10	tio [tihju]	1000	tusen [tühsenn]
11	elva [ellwa]	2000	tvåtusen [twohtühsenn]

REISEATLAS

Verlauf der Erlebnistour „Perfekt im Überblick“
Verlauf der Erlebnistouren

Der Gesamtverlauf aller Touren ist auch in der herausnehmbaren Faltkarte eingetragen

 Bild: Tjörn

Unterwegs in Schweden

Die Seiteneinteilung für den Reiseatlas finden Sie auf dem hinteren Umschlag dieses Reiseführers

A
B
C
142
1
2
3
4
5
6
Oslo
Frederikshavn
Kiel
Elsegårde
Århus
Travemünde
Warnemünde
Swinoujście
Kungshamn
Smögen
Lysekil
Fiskebäckskil
Ellös
Orust
Henån
Stenungsund
Mollösund
Tjörn
Rönnäng
Marstrand
Kungälv
Hisingen
GÖTEBORG
Öckerö
Mölndal
Mölnlycke
Kållered
Partille
Lerum
Surte
Nol
Göta älv
Brastad
Vänersborg
Uddevalla
Ljungskile
Trollhättan
Lilla Edet
Lödöse
Älvängen
Gräbo
Floda
Alingsås
Mjörn
Sätenäs
Halleberg
Vargön
Grästorp
Vara
Järpås
Skara
Nossebro
Sollebrunn
Herrljunga
Vårgårda
Annelund
Borgstena
Fristad
Falköping
Floby
Kinnarp
Alleberg
Stenstorp
Varnhem
Skövde
Stöpen
Tibro
Skultorp
Tidaholm
Hjo
Omberg
Vadstena
Rök
Alvastra
Odeshög
Västra
Götalands
Västergötland
Vättern
Visingsö
Tranås
Gränna
Gripenberg
Haurida
Habo
Bankeryd
Mullsjö
Blidsberg
JÖNKÖPING
Huskvarna
Tenhult
Norrahammar
Taberg
Nässjö
Eksjö
Malmbäck
Björköby
Tomtabacken
Vaggeryd
Skillingaryd
Savsjö
Hillerstorp
Vrigstad
Korsberga
Jönköpings län
Store Mosse nationalpark
Anderstorp
Gislaved
Reftele
Bredaryd
Värnamo
Småland
Smålandsstenar
Sandared
Borås
Hindås
Ulricehamn
Viskafors
Limmared
Tranemo
Fritsla
Kinna
Svenljunga
Östra Frölunda
Horred
Mjöback
Älvsered
Veddige
Ullared
Viskan
Lygnern
Kungsbacka
Gottskär
Tjolöholm
Varberg
Tvååker
Atran
Hyltebruk
Torup
Nissan
Bolmsö
Bolmen
Finnveden
Rydaholm
Moheda
Alvesta
Ryssby
Vislanda
Helgasjön
Växjö
Falkenberg
Getinge
Hallands län
Oskarström
Lidhult
Vrå
Ljungby
Halmstad
Tylösand
Trönninge
Laholmsbukten
Knäred
Strömsnäsbruk
Kronobergs län
Möckeln
Liatorp
Åsnen
Älmhult
Hallands Väderö
Mellbystrand
Båstad
Torekov
Laholm
Markaryd
Växtorp
Lagan
Vejbystrand
Hallandsåsen
Skälderviken
Kullen
Mölle
Arild
Ängelholm
Höganäs
Munka Ljungby
Skånes-Fagerhult
Örkelljunga
Osby
Lönsboda
Älmhult
Almundsryd
Tingsryd
Glimåkra
Immeln
Hästveda
Olofström
Blekinge
Mörrum
Broby
Ivösjön
Bromölla
Karlshamn
Pukavik
Sölvesborg
Hässleholm
Vinslöv
Tyringe
Klippan
Åstorp
Perstorp
Söderåsen
Söderåsens nationalpark
Rönneå
Bjuv
HELSINGBORG
Gilleleje
Helsingør
Hesselø
Hesselø Bugt
Gniben
Hundested
Frederiksværk
Hillerød
Hørsholm
Birkerød
Jagtlandsk.
Hovedstaden
Øresund
Landskrona
Svalöv
Eslöv
Kävlinge
Röstånga
Sösdala
Kristianstad
Bäckaskog
Trolle-Ljungby
Nogersund
Höör
Hörby
Tollarp
Åhus
Degeberga
Löberöd
Skåne
Hanöbukten
Lund
Dalby
Dalby Söderskog nat. park
Lomma
Staffanstorp
MALMÖ
Lövestad
Sjöbo
Kivik
Kungagraven Brodarö
Stenshuvuds nationalpark
Gärsnäs
Simrishamn
Österlen
Tomelilla
Glimmingehus
Svedala
Vellinge
Skurup
Romeleåsen
Foteviken
Skanör med Falsterbo
Höllviken
Trelleborg
Abbekås
Smygehamn
Ystad
Borrby
Skillinge
Ales stenar
Sandhammaren
Kåseberga
Bornholm
Hammershus
Bornholm (Dan.)
Rønne
Sandvig
Allinge
Aakirkeby
Kattegat
Anholt (Dan.)
Vesterø Havn
Læsø
Læsø Rende
Fornæs
Grenaa
Hesselø
Sejerø
Sejerø Bugt
Røsnæs
Nykøbing S
Vig
Frederikssund
Skibby
Holbæk
Roskilde
Kalundborg
Jyderup
Hasley
KØBENHAVN
Amager
Sjælland
Gørlev
N.P. Skjold. Ld.
Slagelse
Sorø
Ringsted
Køge
Køge Bugt
Korsør
Fuglebjerg
Skælskør
Herlev
K.Hvalsø
Fakse
Store Heddinge
Stevns Klint
Rødvig
Rønnede
Agersø
Omø
Næstved
Præstø
Fakse Bugt
Smålandsfarvandet
DANMARK
Møn
Borre
Møns Klint
Stege
Vordingborg
Horslunde
Nørre Alslev
Nakskov
Bandholm
Sakskøbing
Stubbekøbing
Falster
Søllested
Lolland
Maribo
Nykøbing Falster
Rødby
Rødbyhavn
Væggerløse
Nysted
Rødsand
Femern Bælt
Gedser
Gedser Odde
Puttgarden
Fehmarn
Store Bælt
DEUTSCHLAND
N.P. Vorpomm. Boddenlandsch.
Darßer Ort
Darß
Zingst
Wustrow
Vitte
Kap Arkona
Altenkirchen
N.P. Jasmund
Stubbenkammer
Sassnitz
Rügen
Bergen
Binz

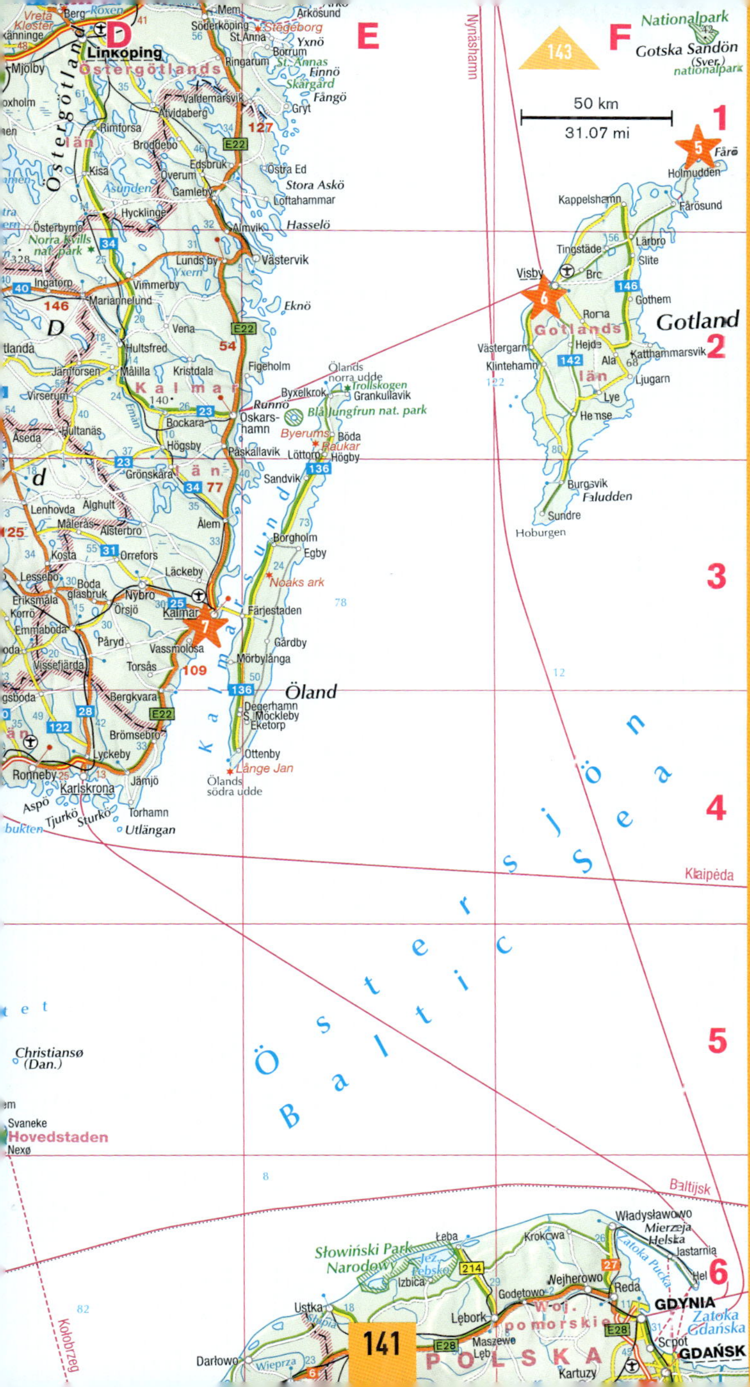
D
E
F
143
1
2
3
4
5
6
50 km
31.07 mi
Nationalpark
Gotska Sandön
(Sver.)
nationalpark
Fårö
Holmudden
Fårösund
Kappelshamn
Lärbro
Slite
Tingstäde
Visby
Gothem
Gotland
Gotlands
län
Västergarn
Klintehamn
Hejde
Ala
Katthammarsvik
Ljugarn
Lye
Burgsvik
Faludden
Sundre
Hoburgen
Nynäshamn
Klaipėda
Baltijsk
Östersjön
Baltic Sea
Linköping
Östergötlands
Östergötland
län
Mjölby
Vreta Kloster
Berg
Roxen
Söderköping
Stegeborg
St. Anna
Yxnö
Borrum
Ringarum
St. Annas Skärgård
Finnö
Fångö
Gryt
Valdemarsvik
Åtvidaberg
Rimforsa
Broddebo
Edsbruk
Överum
Kisa
Åsunden
Gamleby
Östra Ed
Stora Askö
Loftahammar
Hycklinge
Almvik
Hasselö
Österbymo
Norra Kvills nat. park
Lunds by
Yxern
Västervik
Ingatorp
Vimmerby
Mariannelund
Eknö
Vena
Hultsfred
Järnforsen
Målilla
Kristdala
Kalmar län
Figeholm
Ölands norra udde
Trollskogen
Grankullavik
Byxelkrok
Blå Jungfrun nat. park
Runnö
Oskars-hamn
Virserum
Hultanäs
Åseda
Bockara
Högsby
Byerums Raukar
Böda
Påskallavik
Löttorp
Högby
Grönskåra
Sandvik
Lenhovda
Älghult
Målerås
Alsterbro
Ålem
Borgholm
Egby
Kosta
Orrefors
Läckeby
Noaks ark
Lessebo
Boda glasbruk
Nybro
Eriksmåla
Örsjö
Kalmar
Färjestaden
Korrö
Emmaboda
Kalmarsund
Påryd
Vassmolösa
Gärdby
Vissefjärda
Torsås
Mörbylånga
Öland
Bergkvara
Degerhamn
S. Möckleby
Eketorp
Brömsebro
Lyckeby
Ottenby
Långe Jan
Ölands södra udde
Ronneby
Karlskrona
Jämjö
Aspö
Tjurkö
Sturkö
Torhamn
Utlängan
Christiansø (Dan.)
Svaneke
Hovedstaden
Nexø
Kołobrzeg
Władysławowo
Mierzeja Helska
Jastarnia
Hel
Zatoka Pucka
Krokowa
Łeba
Słowiński Park Narodowy
Jez. Łebsko
Izbica
Wejherowo
Reda
Gdynia
Zatoka Gdańska
Sopot
Gdańsk
Gogolewo
Ustka
Słupia
Lębork
Woj. pomorskie
Maszewo
Łeb
Polska
Kartuzy
Darłowo
Wieprza
E22
E28
146
142
136
122
109
127
54
77
34
40
23
25
28
31
214

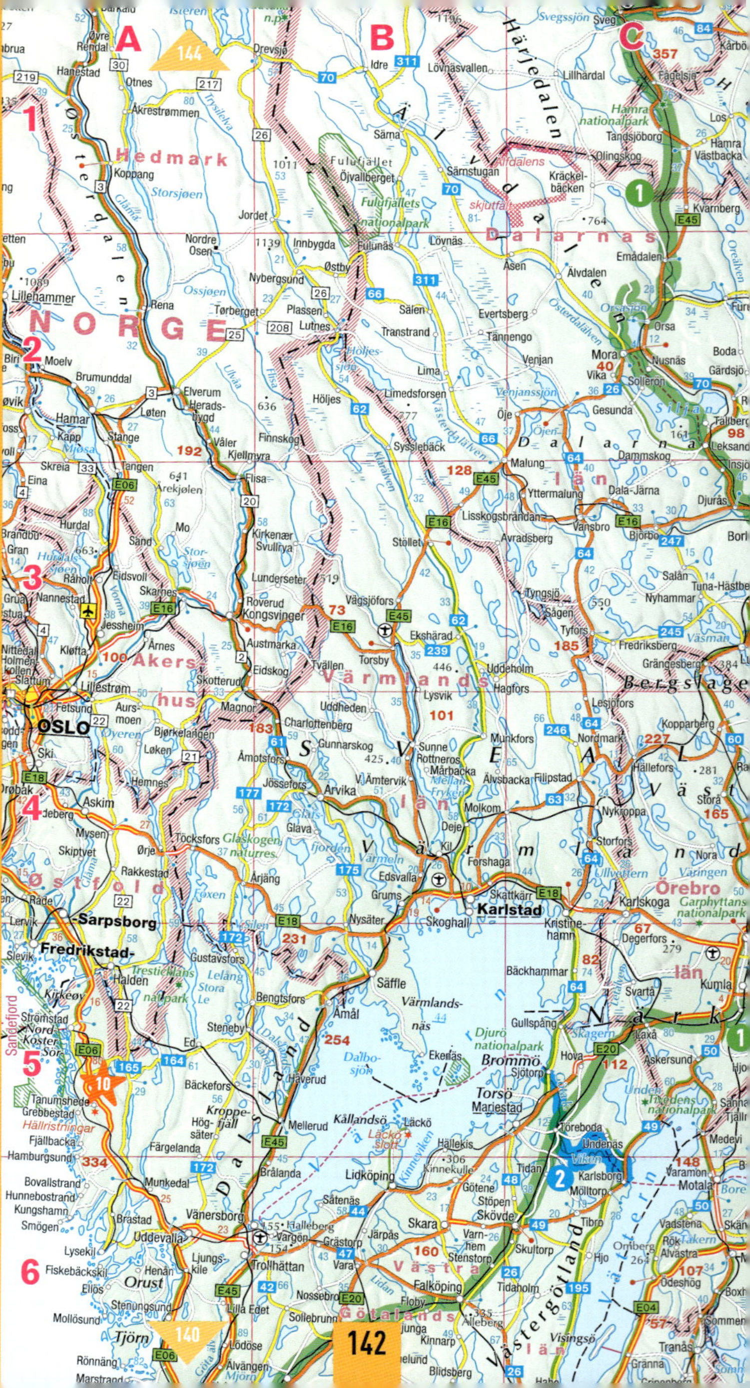
A
B
C
144
140
1
2
3
4
5
6
NORGE
Hedmark
Østerdalen
Akershus
Østfold
Dalarnas
Dalarna län
Värmlands län
Värmland
Örebro län
Närke
Dalsland
Västra Götalands län
Västergötland
Bergslagen
Härjedalen
Älvdalen
Vänern
Vättern
SVEA
Väst
OSLO
Lillehammer
Hamar
Elverum
Kongsvinger
Lillestrøm
Sarpsborg
Fredrikstad
Halden
Moss
Drøbak
Mora
Malung
Sälen
Idre
Särna
Torsby
Arvika
Sunne
Karlstad
Kristinehamn
Karlskoga
Säffle
Åmål
Filipstad
Hagfors
Mariestad
Lidköping
Skövde
Skara
Vänersborg
Trollhättan
Uddevalla
Falköping
Motala
Vadstena
Askersund
Hjo
Tranås
Grängesberg
Ludvika
Kopparberg
Hällefors
Nora
Lysekil
Strömstad
Tanumshede
Orust
Tjörn
Fulufjällets nationalpark
Hamra nationalpark
Glaskogen naturres.
Trestickláns nationalpark
Garphyttans nationalpark
Tiveden nationalpark
Djurö nationalpark
Hällristningar
Läckö slott
Siljan
Orsasjön
Mjøsa
Storsjøen
Glafsfjorden
Värmeln
Fryken
Skagern
Unden
Viken
Dalbosjön
Kinneviken
Klarälven
Västerdalälven
Österdalälven
Glåma
Trysilelva
Ljusnan
E06
E16
E18
E20
E45
E04

D
E
F
145
1
2
3
4
5
6
50 km
31.07 mi
Bjösarv
Norra Dellen
Bergsjö
Harmånger
Friggesund
Ljusdal
Strömsbruk
S. Dellen
Delsbo
Färila
Järvsö
Hudiksvall
Hornslandet
Iggesund
Orsjön
Undersvik
Hudiksvallsfjärden
Nordsjö
Gävleborgs
Enånger
Agön
Mattsmyra
Arbrå
Decorated Farmhouses
Bollnäs
Kungsgården
Edsbyn
Alfta
Marma-skogen
Söderhamn
Bottenhavet
län
Kilafors
Bergviken
Ljusne
Dalfors
Skog
Holmsveden
Axmar bruk
Selkämeri
Gruvberget
Lamborn
Åmot
Hamrånge
+1h Gr.Time
+2h Gr.Time
Svartnäs
Ockelbo
Vintjärn
Gästrik-
Trödje
SUOMI
FINLAND
Bjursås
Svärdsjö
Gävlebukten
Järbo
Gävle
Sundborn
Falun
Sandviken
Åland (Ahvenanmaa)
Furuvik
Valbo
Storvik
Älvkarleby
Örskär
Hofors
land
Skärplinge
Runn
Årsunda
Marma
Lövstabruk
Gräsö
Öregrundsgrepen
Dalälven
Hedesundafjärden
Geta
Husby
Hedesunda
Söderfors
Forsmark
Säter
Tierp
Storby
Horndal
Österfärnebo
Uppsala län
Östhammar
Singö
Eckerö
Hedemora
Färnebofjärdens n.p.
Gysinge
Ullfors
Österbybruk
Södra Kvarken
Ahvenanrauma
Hargshamn
Kerstinbo
Örbyhus
Gimo
Grisslehamn
Mariehamn (Maarianhamina)
Avesta
Tärnsjö
Tämnaren
Alunda
Hallstavik
Krylbo
Uppland
Väddö
Norberg
Vattholma
Fagersta
Skebobruk
Ämsta
Ängelsberg
UPPSALA
Almunge
Edsbro
Björkö
Vätö
Heby
Fjärdhundra
Sala
Linnés Hammarby
Mora Stenar
Erken
Turku
Västmanlands
Sunnersta
Norrtälje
Ålands Hav
Kapellskär
Paldiski
Ramnäs
Gunnilbo
Örsundsbro
Skokloster
Rimbo
Ängsö nat.park
Norröra
Furusund
län
Skultuna
Lunda
Ekolsund
Sigtuna
Yxlan
Blidö
Västmanland
VÄSTERÅS
Enköping
Märsta
Roslagen
Bergshamra
Kolsva
Kolbäck
Tidö
Ängsö
Väsby
Åkersberga
Köping
Strömsholm
Sundbyholm
Tibble
Ljusterö
Möja
Kungsör
Strängnäs
Sollentuna
Täby
STOCKHOLM
Arboga
Sealön
Fogdön
Drottningholm
Hovgården
Vindö
Birka
Helsinki, Tallinn
Eskilstuna
Mariefred
Värby
Gustavsberg
Runmarö
Gripsholm
Södertälje
Saltsjöbaden
Hjälmaren
Södermanland
Taxinge
Tumba
Västerhaninge
Stockholms
Odensbacken
Asköping
Malmköping
Handen
Björnlunda
Järna
Södertörn
Läppe
Flen
Ornö
Sköllersta
Ronda
Vingåker
Katrineholm
Sodermanlands län
Baven
Muskö
Ösmo
Utö
Riga
Sottern
Vagnhärad
Trosa
Tullgarns slott
Nynäshamn
Regna
Tisnaren
Bettna
Fanghalsen
Torö
Askö
Yngaren
Lånö
Ringsön
Kila
Nyköping
Finspång
Kolmården
Oxelösund
Krokek
Norrköping
Löfstad
Norsholm
Bråviken
Arkö
Berg
Göta kanal
Roxen
Mem
Söderköping
Arkösund
Stegeborg
Yxnö
Linköping
Borrum
Ringarum
St. Annas Skärgård
Finnö
Östergötlands
Fångö
Gotska Sandön (Sver.)
Nationalpark nationalpark
Ventspils
Valdemarsvik
Gryt
Atvidaberg
Rimforsa
Östergötland
län
Broddebo
Edsbruk
Kisa
Överum
Östra Ed
Stora Askö
Gdańsk
Visby
141
Gotland
Fårö
Holmudden

146

A
B
C
1
2
3
4
5
6
Vega
Gladstad
Forvik
Nord-Trøndelag
Laksfossen
Geittinden
Røssvatnet
Vilhelmina
Västansjö
N. Fjällnäs
Nolvik
Åkernäs
Boksjön
Brånaberg
Horn
Lomsdal-Visten nasjonalpark
E06
Trofors
73
Hattfjelldal
Joesjö
1263
Södra Storfjället
Tärnaby
Gäutajaure
Lövlund
241
Ajaureforsen
Slussfors
Brønnøysund
Sømna
Hommelstø
Bläfjellet
1293
Vefsna
Børgefjellet
Kroken
Gränssjö
Björkvattnet
Virisen
Gardfjället
1259
Grannäs
Vik
17
76
Tosbotn
Trøymskardia
Etasjegrotten
Bindal
808
Tosenfj.
Børgefjell
1703
Kvigtinden
Børgefjell nas.-park
Ransarn
Kittelfjäll
Dikanäs
Leka
Solsem
Gutvik
1063
Terråk
Abjøra
Frøningsfjellet
1097
Namsvassgardan
Store Namsvatnet
Klimpfjäll
Marsfjällen
1589
Kultsjön
Norra Borgafjällen
Saxnäs
Vojmsjön
Rørvik
Kolvereid
770
Foldereid
Kongsmoen
448
Namsskogan
1183
Røyrvik
Sutme
1440
Norra Tresund
NORGE
Salsbruket
776
Foldafjorden
Namdalen
Gjersvik
Limingen
Stora Blåsjön
Väst
Nastansjö
Salsvatnet
Brekksillan
746
Høylandet
Namsen
Tunnsjøen
Jormlien
1314
Selkentjakke
Risbäck
Malgomaj
Skorovatn
Østnes
Frostviksbränna
Björkvattnet
Sjoutnäs
Högland
Laxbäcken
Blaikfjället
724
769
Ranemsletta
Namsos
Harran
Bergfossen
Kvelia
Kvarnbergsvattnet
Storsjouten
Långseleån
Bangsund
Grong
Nyneset
74
Nordli
Gäddede
Norråker
Sanddøla
1072
Blåfjella-
Häggnäset
Fågelberget
Solem
Jøasen
872
E06
Gressåmoen
Lierne
Hestkjølen
n.p.
Munsfjället
1187
342
Täsjön
Avaträsk
Snåsavatnet
Snåsa
Skjækerfjella
765
Berglia
1390
Sørli
Munsvattnet
Hotagsfjällen
Strömsvattudal
Högbynäs
Täsjö
Trøndelag
Megard
Gärdnäs
Steinkjer
Sunnan
nasjonalpark
1332
Blåfjellshatten
Jule
Flåsjön
Hoting
Lustad
1139
Skjækerhatten
Valsjöbyn
Havsnäs
346
Sparbu
Torrön
Tjourenstugorna
1247
Sösjöfjällen
Rötviken
Renålandet
Lövberga
Verdalsøra
Skäckerfjällen
1230
Hotagen
Ålåsen
Jänsmässholmen
339
Strömsund
Bodum
Vuku
72
Sørmoen
Kolåsen
Jämtlands
Storån
Anjansfjällst'n.
Frankrike
112
Kabygd
Sandvika
Juvuln
340
E45
177
345
Vängel
331
Kjøljaugan
1249
Feren
Storrensjön
Kallsjön
Rönnöfors
344
Föllinge
344
Hammerdal
Görvik
Sulåmo
322
Landögssjön
Landön
Ramsele
E14
Meråker
Hägsjöbränna
336
Kall
Kaxås
Härkan
495
Tännforsen
1420
Åre
344
Skyttmon
Kopperå
Storlien
229
Järpen
Näldsjön
Häggenås
Stordal
Undersåker
E14
Mattmar
Krokom
Lit
Lövåsen
Handöl
Ottsjö
Ytterån
Indalsälven
Ammerån
1459
Fongen
1432
Hackren
Hallen
Storsjön
Frösö
Östersund
87
Stugun
Selsviken
Storerikvollen
Vålådalen
Norderö
Gesunden
115
Hammarstrand
Nesjøen
1768
Sylarna Fjällstn.
1423
321
Brunflo
Rissna
Sylarna
Höglekardalen
Helagsfjället
Helagsstugorna
1371
Myrviken
Kälarne
Stugudalen
1796
Oviksfjällen
Hackås
Gällö
Nedalssjön
Ljungdalen
Persåsen
323
Flåsjön
Näkten
Bodsjö
Sörbygden
Storsjö
Storsjön
Börtnan
Ramundberget
Härjedalen
Svenstavik
Bräcke
320
Brekken
Bruksvallarna
Messlingen
Storuman
Fjällnäs
Anåfjället
Sårvsjön
100
Sandnäset
1347
Åsarna
31
Funäsdalen
194
1561
Tänndalen
Vemsdalsskalet
Klövsjö
Ånge
Fränsta
Torp
84
Långå
E45
Alby
Medelpad
E14
Tännäs
Vemsdalen
Björnrike
Överturingen
Eriksund
1199
Sørvika
212
Hede
1009
Rätansbyn
Ljungan
Holmsjön
Östavall
Femundsmarka n.p.
Hedeviken
315
315
Kölsillre
Ljungan
Rogen
Sånfjället nationalpark
Vemhån
83
559
Naggen
Töfsingdalens nationalpark
1277
Rånddalen
Elgå
314
Ramsjö
107
Grövelsjön
Storsätern
Linsell
1204
Lofsdalen
Ytterhogdal
Hassela
Gutulia n.p.
Storvätteshågna
Långfjället
84
83
Svegssjön
Sveg
305
1196
Björsarv
Drevsjø
Dalarnas
311
84
357
Gävleborgs
Kårböle
Friggesund
Idre
Hedmark
70
Lövnäsvallen
Decorated Farmhouses
Ljusnan
Korskrogen
Ljusdal
Lillhärdal
Fågelsjö
Hälsingland
310
Färila
Delsbo
Hamra nationalpark
Järvsö
26
Särna
Los
Tandsjöborg
Hamra
län

142

D
E
F
1
2
3
4
5
6
147
143
Storavan
Stor-vindeln
Auktsjaure
Vistheden
Älvsbyn
Avan
Gammelstaden
Kloverträsk
Luleå
Antnäs
Lauker
516
Avaviken
Slagnäs
Arvidsjaur
724
Storberg
Vittjäkk
Sorsele
Jiltjer
Abborrträsk
Kolerträsk
Sikfors
Kopparnäs
Rosvik
Abyälven
Silvervägen
Långträsk
Roknäs
Piteå
Vargön
Juktnäs
Blattniksele
Adak
Gargnäs
Skellefteälven
Myrheden
Glommersträsk
Hemmingsmark
Juktfors
Storklinten
515
Byskeälven
Fällfors
Jävre
Gubbträsk
Malå
Ålund
Storuman
Stensele
Kristineberg
Malån
Jörn
Stavaträsk
Abyn
Gunnarn
Björksele
Norsjö
Byske
Umeälven
Åskiljeby
Norrby
Boliden
Kåge
Vindelälven
Ruskele
Ruskträsk
Rusksele
Bastuträsk
Skellefteå
Pauträsk
Kattisavan
Lidsträsket
Medle
Skelleftehamn
Skråmträsk
Latikberg
Lycksele
Kalvträsk
Åsträsk
Bureå
Burvik
Arvträsk
Kroksjö
Åmsele
Burträsk
Val en
Stöttingfjället
Vägsele
Knaften
Strycksele
Bygdsiljum
Meselefors
Bygdeträsket
Lövånger
662
Lillögda
Hällnäs
416
Botsmark
Rickleån
Ånäset
Gideälven
Vindeln
Granö
Robertsfors
Tallsjö
Örträsk
Åsele
Tvärålund
Tavelsjö
Bygdeå
Fredrika
Björnlandets nationalpark
Gavsele
Ångermanbalen
487
Bjurholm
Vännäsby
Savar
Västra Kvarken
Hälla
Tegelträsk
581
Hästryggen
Lögdeälven
Vännäs
Sörfors
Gemmlia
Umeå
Holmön
Solberg
Norrfors
Hörnsjö
Ångesön
Nyåker
Sörmjöle
Holmsund
Öreälven
Obbola
Trehörningsjö
Hemling
Hörnefors
Norra Kvarken
Merenkurkku
Myckelgensjö
Nordmaling
Ångermanland
Storsjön
Bredbyn
Björna
Gideå
Järnäsklubb
Björkön
Björköby
Hällristn.
Aspeå
Skorped
Mellansel
Degerfjärden
Replot
Ralppaluoto
Västernorrlands län
Husum
Billsta
Arnäsvall
84
Forsmo
Örnsköldsvik
Södra Vallgrund
Korsholm
Mustasaari
Bjästa
Skagshamn
Långsele
Sollefteå
Köpmanholmen
Kvarkens skärgård
Vaasa
Vasa
Ångermanälven
Boteå
Skuleskogens nationalpark
Graninge
Nyland
Docksta
Ullånger
Ulvöhamn
Bergö
Malax
Maalahti
Bollstabruk
Mjällom
Höga
Kramfors
Lugnvik
Bönhamn
Petalax
Petolahti
Lunde
Nordingrå
Kusten
Ramvik
295
Korsnäs
Viksjö
Storfjärden
Suomi
Finland
Liden
Hemsö
Övermark
Ljustorp
Härnösand
Indal
Söråker
Närpes
Närpiö
Timrå
Sundsvall
Alnön
Kaskinen
Kaskö
Matfors
Sundsvallsbukten
Kristinestad
Kristiinankaupunki
Njurunda
Brämön
Bottenhavet
Gulf of Bothnia
Ömossa
Metsälä
Malungen
Gnarp
Kasala
Kasaböle
50 km
31.07 mi
Bergsjö
Harmånger
Merikarvia
334
Strömsbruk
Selkämeren
Dellen
Hudiksvall
Hornslandet
Reposaari
E45
E12
E04
E08
94
95
92
360
363
365
370
373
374
364
353
348
352
335
331
90
86
89
155
161
141
136
234
163
118
189
140
50
41
42
18
1
4
13
15

A
B
C
1
2
3
4
5
6
Vesterålen
Lofoten
Vestfjorden
Hurtigruten
Andøya
Langøya
Hinnøya
Austvågøy
Tjeldøya
Grytøya
Dyrøya
Andørja
Rolla
Hamarøy
Finnøya
Engeløya
Sandhornøy
Fugløya
Bleik
Andenes
Nordmela
Risøyhamn
Myre
Straumsjøen
Sortland
Steine
Guvåg
Stokmarknes
Hadseløya
Melbu
Kaljord
Møysalen n.p.
Møysalen
Gullesfjordbotn
Fiskebøl
Kongselva
Ytterstad
Trolltindan
Svolvær
Kabelvåg
Digermulen
Leknes
Flakstad
Stamsund
Ballstad
Henningsvær
Åse
Bjarkøy
Grøtavær
Harstad
Borkenes
Sigerfjord
Kilbotn
Steinsland
Ramnes
Lødingen
Bogen
Narvik
Kjeldebotn
Ballangen
Skarberget
Tranøy
Ulvsvåg
Kjøpsvik
Skutvik
Alstad
Nordfold
Hellnessund
Kråktinden
Helldalisen
Tårnvik
Styrkesvik
Gammelt handelssted
Helligvær
Landegode
Rago nas. park
Sjunkhatten n.p.
Røsvik
Festvåg
Løding
Bodø
Bliksvær
Saltfjorden
Straumen
Fauske
Skjerstad
Misvær
Lekanger
Inndyr
Bejarn
Vesterli
Rognan
Sulitjelma
Høgtind
Ørnes
Glomfjord
NORGE
Kilvik
Leiråmoen
Ølfjellet
Saltfjellet
Storjord
Bierdnačokka
Svartisen
Svartisen nasjonal park
Reppen
Svartisdalen
Grønlingrotten
Storforshei
Stødi
Mo i Rana
Hemnesberget
Storakersvatnet
Bjerka
Korgen
Melkfjellet
Stabbfossen
Okstindan
Bleikvassli
Røssvatnet
Hattfjelldal
Børgefjell
Børgefjell nat.-Park
Kvigtinden
Kroken
Andøya
Ånderdalen nasjonalpark
Andfjorden
Kaldfarnes
Sjursvik
Stonglandet
Senja
Finnsnes
Silsand
Sørreisa
Lunneborg
Storsteinnes
Moen
Andselv
Målselvfossen
Brøstadbotn
Løksa
Sjøvegan
Setermoen
Myrlandshaug
Ibestad
Sørrollnes
Grovfjord
Tennevoll
Fossbakken
Innset
Bjerkvik
Kvitina
Rohkunborri nasjonalpark
Vadvetjåkka n.p.
Riksgränsen
Katterjåkk
Aurora Sky Station
Abisko nat.-p.
Abisko
Björkliden
Beisfjord
Skjomen
Storsteinfjellet
Frostisen
Kåtotjåkka
Sitasjaure
Gicceĉokka
Hellemobotn
Mørsvikbotn
Gaskačokka
Vaisaluoktastugan
Kebnekaise
Singistugorna
Kebnekaisefjällst.
Nikkaluokta
V. Ritjemjåkk
Akkajaure
Stora Sjöfallets n.p.
Stora Sjöfallet
Satihaure
Sjaunja
Vietas
Kisurisstugan
Padjelanta national-park
Akkavare
Vastenjaure
Virihaure
Sareks nationalpark
Sarektjåkkå (Stortoppen)
Saltoluoktafjällst.
Staloluoktastugorna
Sitojaurestugorna
Sitojaure
Pårtefjällen
Sulitjelma
Pieskehaurestugan
Pieskehaure
Balvatnet
Junkerdal n.p.
Kvikkjokk
Tarrajåkkå
Tjaktjajaure
Tjåmotis
Skalka
Saggat
Riepentjåkkå
Mavasjaure
Piteälven
Barturte
Kaisetjåkkå
Karats
Karatj
Randijaure
Tjeggelvas
Fierras
Ballasviken
Sädvajaure
Riebnes
Stenudden
Nasafjället
Vuonatjviken
Jäkkvik
Pieljekaise nationalpark
Adolfsström
Rappen
Vuolvojaure
Raket-Naus
Lövnäs
Gittun
Toftlia
Ranaelva
Svaipavalle
Dalavardo
Rerrogaise
Vindelälven
Laisvall
Hornavan
Arjeplog
Svannäs
Båtsjaur
Överuman
Norra Storfjället
Rönäs
Nymoen
Syterstugan
Hemavan
Ammarnäs
Laisälven
Uddjaure
Mellanström
Östansjö
Varntresk
Västansjö
N. Fjällnäs
Överstjuktan
Gillesnuole
Marielund
Joesjö
Tärnaby
Gäutajaure
Södra Storfjället
Lövlund
Björkvattnet
Nolvik
Åkernäs
Boksjön
Brånaberg
Skansnäs
Storvindeln
Storavan
Avaviken
Slagnäs
Arvidsjaur
Vittjärv
Storberg
Ajaureforsen
Danasjö
Jiltjer
Sorsele
Västerbottens län
Gränssjö
Virisen
Gardfjället
Slussfors
Storjuktan
Juktnäs
Blattniksele
Adak
Gargnäs
Grannäs
Strömsund
Kittelfjäll
Dikanäs
Juktfors
Gubbträsk
Malå
Marsfjällen
Storuman
Norr
Troms
Lappland
E10
E06
E12
82
821
820
815
835
81
834
826
80
17
812
813
830
12
806
73
83
825
848
84
86
858
95
363
65
205
263
63
67
111
245
155
166
241
14
15
144

D
E
F
Finnmark
Reisa nasjonalpark
Halti (Haldi)
Kahperusvaarat (Kahperusak)
Kilpisjärvi
Kilpisjärvi (Gibbesjavri)
Saana
Pältsan
Kummavuopio
Råstojaure
Ropi (Roahppi)
Könkämäeno
Lätäseno
Kautokeino
Mieron
Lappoluobbal
Jorgastak
Bassevuovdde
Gurbis
Øvre Anarjåkka nasjonalpark
Lavvoaivve
Aiddejavrre Fjellstue
Lemmenjoen kans.puisto
Struve Geodetic Arc
Palojärvi (Bálojávri)
Kalmankaltio
Enontekiö (Enodak)
Peltovuoma
Lisma
Nunnanen
Njunnas
Kiepanjaure
Leinavatnet
Tsåktso
Laimoluokta
Raketskjutfält
Tjålme
Pulsujärvi
Laimoälven
Maunu
Kaaresuvanto (Karasavvon)
Karesuando
Kuttainen
Palojoensuu
Idivuoma
Paittasjärvi
Ounastunturi
Pallas-Yllästunturin kansallispuisto
Pallastunturi
Raattama
Övre Soppero
Lannavaara
Saatukkavaara
Muodoslompolo
Ylimuonio
Muonio
Tepasto
Kiistala
Rensjön
Vittangivaara
Kurravaara
Kiruna
Kirunavaara
Jukkasjärvi
Esrange (Raketbas)
Holmajärvi
Kalixfors
Torneälven
Kalixälven
Lainio
Parkalompolo
Kitkiöjoki
Särkijärvi
Kangosjärvi
Lapin lääni
Sirkka
Kittilä
Vittangi
Svappavaara
Oksajärvi
Keräntöjärvi
Kihlanki
Äkäslompolo
Ylläsjärvi
Kaukonen
Kaitum
Fjällåsen
Killinge
Puoltikasvaara
Parakka
Masugnsbyn
Kangos
Junosuando
Äkäsjokisuu
Aareavaara
SUOMI FINLAND
Kurtakko
Kolari
Harra
Tjautjas
Skaulo
Saittarova
Käymäjärvi
Nilivaara
Anttis
Pajala
Sieppijärvi
Ruokojärvi
Lohini
Koskullskulle
Malmberget
Gällivare
Dundret
Alloluokta
Tärendö
Leipojärvi
Ullatti
Kainulasjärvi
Jarhois
Porjus
Muddus nationalpark
Hakkas
Linaälven
Lahnajärvi
Korpilombolo
Aapua
Etu-Aapua
Valkeakoski
Pello
Konttajärvi
Raanujärvi
Nattavaara
Keskikoski
Lansjärvi
Jock
Rantajärvi
Juoksengi
Juoksenki
Miekojärvi
Iso-Vietonen
Meltosjärvi
Stora Luleälven
Kuouka
Jokkmokk
Murjek
Vuottas
Vitberget
Gyljen
Övertorneå
Ylitornio
Mellakoski
Vuollerim
Sudok
Överkalix
Hedenäset
Lakaträsk
Hällforsen
Puottaure
Kåbdalis
Edefors
Gunnarsbyn
Svartlå
Niemisel
Morjärv
Korpikå
Karungi
Karunki
Varejok
Arpela
Katt ilasaari
Råneå
Töre
Raggdynan
Börjelsbyn
Sangis
Kalix
Karlsborg
Haparanda
Tornio
Pirkkiö
Keminmaa
Kemi
Bredsel
Vidsel
Piteälven
Storforsen
Boden
Smedsbyn
Sundom
Bergön
Nyborg
Rånön
Seskarön
Seskarö
Gunnarsfjärden
Vistheden
Lauker
Älvsbyn
Klöversträsk
Avan
Gammelstaden
Bensbyn
Hertsön
Haru-fjärden
Sandskär
Haparanda skärgårds nationalpark
Perämeren kans.puisto
Veitsiluoto
Sikfors
Antnäs
Luleå
Gräsön
Sandön
Germandön
Kolerträsk
Koppamäs
Rosvik
+1h Gr. Time
+2h Gr. Time
50 km
31.07 mi
Långträsk
Roknäs
Myrheden
Glommersträsk
Hemmingsmark
Piteå
Storklinten
Fällfors
Jävre
Byskeälven
Bottenviken
Perämeri
Hailuoto (Karlö)
145
Norrbotten
Lappland
1
2
3
4
5
6

KARTENLEGENDE

Autobahn, mehrspurige Straße - in Bau Highway, multilane divided road - under construction		Autoroute, route à plusieurs voies - en construction Autosnelweg, weg met meer rijstroken - in aanleg
Fernverkehrsstraße - in Bau Trunk road - under construction		Route à grande circulation - en construction Weg voor interlokaal verkeer - in aanleg
Hauptstraße Principal highway		Route principale Hoofdweg
Nebenstraße Secondary road		Route secondaire Overige verharde wegen
Fahrweg, Piste Practicable road, track		Chemin carrossable, piste Weg, piste
Straßennummerierung Road numbering	E20 11 70 26	Numérotage des routes Wegnummering
Entfernungen in Kilometer Distances in kilometers	259 130 129	Distances en kilomètres Afstand in kilometers
Höhe in Meter - Pass Height in meters - Pass	1365	Altitude en mètres - Col Hoogte in meters - Pas
Eisenbahn - Eisenbahnfähre Railway - Railway ferry		Chemin de fer - Ferry-boat Spoorweg - Spoorpont
Autofähre - Schifffahrtslinie Car ferry - Shipping route		Bac autos - Ligne maritime Autoveer - Scheepvaartlijn
Wichtiger internationaler Flughafen - Flughafen Major international airport - Airport		Aéroport importante international - Aéroport Belangrijke internationale luchthaven - Luchthaven
Internationale Grenze - Provinzgrenze International boundary - Province boundary		Frontière internationale - Limite de Province Internationale grens - Provinciale grens
Unbestimmte Grenze Undefined boundary		Frontière d'Etat non définie Rijksgrens onbepaalt
Zeitzonengrenze Time zone boundary	-4h Greenwich Time -3h Greenwich Time	Limite de fuseau horaire Tijdzone-grens
Hauptstadt eines souveränen Staates National capital	**OSLO**	Capitale nationale Hoofdstad van een souvereine staat
Hauptstadt eines Bundesstaates Federal capital	**Nancy**	Capitale d'un état fédéral Hoofdstad van een deelstat
Sperrgebiet Restricted area		Zone interdite Verboden gebied
Nationalpark National park		Parc national Nationaal park
Antikes Baudenkmal Ancient monument		Monument antiques Antiek monument
Sehenswertes Kulturdenkmal Interesting cultural monument	*Chambord*	Monument culturel interéssant Bezienswaardig cultuurmonument
Sehenswertes Naturdenkmal Interesting natural monument	*Gorges du Tarn*	Monument naturel interéssant Bezienswaardig natuurmonument
Brunnen Well		Puits Bron
MARCO POLO Erlebnistour 1 MARCO POLO Discovery Tour 1		MARCO POLO Tour d'aventure 1 MARCO POLO Avontuurlijke Routes 1
MARCO POLO Erlebnistouren MARCO POLO Discovery Tours		MARCO POLO Tours d'aventure MARCO POLO Avontuurlijke Routes
MARCO POLO Highlight	1	MARCO POLO Highlight

FÜR IHRE NÄCHSTE REISE ...

ALLE **MARCO POLO** REISEFÜHRER

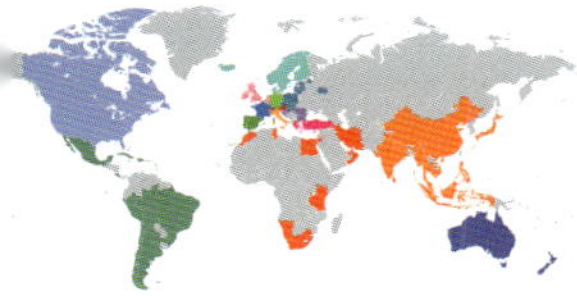

DEUTSCHLAND
Allgäu
Bayerischer Wald
Berlin
Bodensee
Chiemgau/ Berchtesgadener Land
Dresden/ Sächsische Schweiz
Düsseldorf
Eifel
Erzgebirge/ Vogtland
Föhr & Amrum
Franken
Frankfurt
Hamburg
Harz
Heidelberg
Köln
Lausitz/Spreewald/ Zittauer Gebirge
Leipzig
Lüneburger Heide/ Wendland
Mecklenburgische Seenplatte
Mosel
München
Nordseeküste Schleswig-Holstein
Oberbayern
Ostfriesische Inseln
Ostfriesland/Nordseeküste Niedersachsen/Helgoland
Ostseeküste Mecklenburg-Vorpommern
Ostseeküste Schleswig-Holstein
Pfalz
Potsdam
Rheingau/ Wiesbaden
Rügen/Hiddensee/ Stralsund
Ruhrgebiet
Schwarzwald
Stuttgart
Sylt
Thüringen
Usedom
Weimar

ÖSTERREICH SCHWEIZ
Kärnten
Österreich
Salzburger Land
Schweiz
Steiermark
Tessin
Tirol
Wien
Zürich

FRANKREICH
Bretagne
Burgund
Côte d'Azur/ Monaco
Elsass
Frankreich
Französische Atlantikküste
Korsika
Languedoc-Roussillon
Loire-Tal
Nizza/Antibes/ Cannes/Monaco
Normandie
Paris
Provence

ITALIEN MALTA
Apulien
Dolomiten
Elba/Toskanischer Archipel
Emilia-Romagna
Florenz
Gardasee
Golf von Neapel
Ischia
Italien
Italienische Adria
Italien Nord
Italien Süd
Kalabrien
Ligurien/ Cinque Terre
Mailand/ Lombardei
Malta & Gozo
Oberital. Seen
Piemont/Turin
Rom
Sardinien
Sizilien/ Liparische Inseln
Südtirol
Toskana
Venedig
Venetien & Friaul

SPANIEN PORTUGAL
Algarve
Andalusien
Azoren
Barcelona
Baskenland/ Bilbao
Costa Blanca
Costa Brava
Costa del Sol/ Granada
Fuerteventura
Gran Canaria
Ibiza/Formentera
Jakobsweg Spanien
La Gomera/ El Hierro
Lanzarote
La Palma
Lissabon
Madeira
Madrid
Mallorca
Menorca
Portugal
Spanien
Teneriffa

NORDEUROPA
Bornholm
Dänemark
Finnland
Island
Kopenhagen
Norwegen
Oslo
Schweden
Stockholm
Südschweden

WESTEUROPA BENELUX
Amsterdam
Brüssel
Cornwall & Devon
Dublin
Edinburgh
England
Flandern
Irland
Kanalinseln
London
Luxemburg
Niederlande
Niederländische Küste
Oxford
Schottland
Südengland

OSTEUROPA
Baltikum
Budapest
Danzig
Krakau
Masurische Seen
Moskau
Plattensee
Polen
Polnische Ostseeküste/ Danzig
Prag
Slowakei
St. Petersburg
Tallinn
Tschechien
Ungarn
Warschau

SÜDOSTEUROPA
Bulgarien
Bulgarische Schwarzmeerküste
Kroatische Küste Dalmatien
Kroatische Küste Istrien/Kvarner
Montenegro
Rumänien
Slowenien

GRIECHENLAND TÜRKEI ZYPERN
Athen
Chalkidikí/ Thessaloníki
Griechenland Festland
Griechische Inseln/ Ägäis
Istanbul
Korfu
Kos
Kreta
Peloponnes
Rhodos
Sámos
Santorin
Türkei
Türkische Südküste
Türkische Westküste
Zákinthos/Itháki/ Kefalloniá/Léfkas
Zypern

NORDAMERIKA
Chicago und die Großen Seen
Florida
Hawai'i
Kalifornien
Kanada
Kanada Ost
Kanada West
Las Vegas
Los Angeles
New York
San Francisco
USA
USA Ost
USA Südstaaten/ New Orleans
USA Südwest
USA West
Washington D.C.

MITTEL- UND SÜDAMERIKA
Argentinien
Brasilien
Chile
Costa Rica
Dominikanische Republik
Jamaika
Karibik/ Große Antillen
Karibik/ Kleine Antillen
Kuba
Mexiko
Peru & Bolivien
Yucatán

AFRIKA UND VORDERER ORIENT
Ägypten
Djerba/ Südtunesien
Dubai
Iran
Israel
Jordanien
Kapstadt/ Wine Lands/ Garden Route
Kapverdische Inseln
Kenia
Marokko
Marrakesch
Namibia
Oman
Rotes Meer & Sinai
Südafrika
Tansania/Sansibar
Tunesien
Vereinigte Arabische Emirate

ASIEN
Bali/Lombok/Gilis
Bangkok
China
Hongkong/Macau
Indien
Indien/Der Süden
Japan
Kambodscha
Ko Samui/ Ko Phangan
Krabi/ Ko Phi Phi/ Ko Lanta/Ko Jum
Malaysia
Myanmar
Nepal
Peking
Philippinen
Phuket
Shanghai
Singapur
Sri Lanka
Thailand
Tokio
Vietnam

INDISCHER OZEAN UND PAZIFIK
Australien
Malediven
Mauritius
Neuseeland
Seychellen

Viele MARCO POLO Reiseführer gibt es auch als eBook – und es kommen ständig neue dazu!
Checken Sie das aktuelle Angebot einfach auf: www.marcopolo.de/e-books

REGISTER

In diesem Register sind alle im Reiseführer erwähnten Städte, Sehenswürdigkeiten und Ausflugsziele sowie einige wichtige Provinzen aufgeführt. Gefettete Seitenzahlen verweisen auf den Haupteintrag

SCHREIBEN SIE UNS!

Egal, was Ihnen Tolles im Urlaub begegnet oder Ihnen auf der Seele brennt, lassen Sie es uns wissen! Ob Lob, Kritik oder Ihr ganz persönlicher Tipp – die MARCO POLO Redaktion freut sich auf Ihre Infos.

Wir setzen alles dran, Ihnen möglichst aktuelle Informationen mit auf die Reise zu geben. Dennoch schleichen sich manchmal Fehler ein – trotz gründlicher Recherche unserer Autoren/innen. Sie haben sicherlich Verständnis, dass der Verlag dafür keine Haftung übernehmen kann.

MARCO POLO Redaktion
MAIRDUMONT
Postfach 31 51
73751 Ostfildern
info@marcopolo.de

IMPRESSUM
Titelbild: Fischerhütte in Resarö bei Vaxholm, Stockholmer Schären, (huber-images: Gräfenhain)
Fotos: K. Bock-Häggmark (1 u.); DuMont Bildarchiv: Riehle (5, 10, 11, 32/33, 36, 62, 79); R. Freyer (22/23); S. Gabriel (Klappe r., 58); Getty Images: A. Blomqvist (82), Hugo (73); huber-images: Bäck (14/15), F. Carovillano (Klappe li.), Gräfenhain (1 o., 44/45, 46, 50, 84, 107, 138/139), A. Saffo (94), Spiegelhalter (12/13); Laif: C. Boisvieux (70), Daams (124), Galli (124/125), Gerber (4 u.), M. Gumm (18 u., 19 o.), Kirchner (41), Kreuels (30/31), J. - B. Rabouan (76); Laif/eyevine: D. Levene (49); Laif/hemis.fr (30, 31), B. Rieger (56/57, 126 o.); Laif/Polaris: R. Schoenbaum (17); Laif/robertharding: S. Black (55), C. Kober (19 u.); Look (99), C. Bäck (74), Martini (116/117), B. van Dierendonck (4 o., 68/69, 120/121); mauritius images: Apelöga (3), Johnér (2, 18 o., 28 l., 89, 97, 100/101, 126 u.); mauritius images/age (20/21); mauritius images/age fotostock: H. Blume (53); mauritius images/Alamy (6, 7, 34, 52, 61, 64, 80/81, 92/93, 113, 122), D. Kleyn (91); mauritius images/Folio Images (110), C. Romare (18 M., 29); mauritius images/foodcollection: K. Katarzyna (28 r.); mauritius images/imagebroker: R. Bordoni (86), R. Facchini (39, 127), S. Gabriel (131), T. Knauer (9), T. Krämer (118), O. Krüger (24), A. to Roxel (42); mauritius images/tbkmedia.de/Alamy (8); mauritius images/Westend61 (26/27); C. Nowak (67, 125)

15., aktualisierte Auflage 2018

Chefredaktion: Marion Zorn
Autor: Clemens Bomsdorf; Bearbeiter: Bruno Kaufmann, Karin Bock-Häggmark; Redaktion: Petra Klose
Verlagsredaktion: Lucas Forst-Gill, Susanne Heimburger, Tamara Hub, Johanna Jiranek, Nikolai Michaelis, Kristin Wittemann, Tim Wohlbold
Bildredaktion: Gabriele Forst, Stefanie Wiese
Im Trend: wunder media, München, Bruno Kaufmann, Karin Bock-Häggmark
Kartografie Reiseatlas: © MAIRDUMONT, Ostfildern; Kartografie Faltkarte: © MAIRDUMONT, Ostfildern
Gestaltung Cover, S. 1, Faltkartencover: Karl Anders – Studio für Brand Profiling, Hamburg; Gestaltung innen: milchhof:atelier, Berlin; Gestaltung S. 2/3, Erlebnistouren: Susan Chaaban Dipl.-Des. (FH)
Sprachführer: in Zusammenarbeit mit Ernst Klett Sprachen GmbH, Stuttgart, Redaktion PONS Wörterbücher

Printed in Italy

FSC www.fsc.org MIX Paper from responsible sources FSC® C015829

BLOSS NICHT

Auch in Schweden gibt es Dinge, die Sie lieber lassen sollten

EIN PRIVATHAUS UNGEFRAGT MIT SCHUHEN BETRETEN

In den Winter- und Herbstmonaten ist es in Schweden sehr feucht, und das Schuhwerk wird häufig schmutzig. Es ist deshalb üblich, Wohnungen nicht mit Schuhen zu betreten. Die feinen (und sauberen) Schuhe für drinnen hat man in einer Plastiktüte dabei. Die Straßenschuhe stellt man neben die Eingangstür.

ELCHSCHILDER ABMONTIEREN

Touristen, die Warnschilder von Fahrbahn querenden Elchen abmontieren, machen sich nicht nur strafbar, sondern auch äußerst unbeliebt. Die Elchschilder mögen zwar ein cooles Souvenir sein, doch das Ansehen der Touristen bei den Einheimischen steigt durch solche Diebstähle nicht gerade. Denn: Ein Zusammenstoß von Elch und Auto endet oft tödlich – nicht nur für den Elch!

QUENGELN

Schweden sind von ausgesuchter Höflichkeit und ungewöhnlich diszipliniert – auch was Gefühle anbelangt. Falls Sie sich über etwas ärgern – einen verspäteten Bus, einen unfreundlichen Kellner, das schlechte Wetter –, so tun Sie das bitte tunlichst nicht lauthals kund. Rumgezeter, Wutausbrüche, Unfreundlichkeit sind absolut tabu und wecken höchste Irritation. Probieren Sie es mit unerschütterlicher Freundlichkeit! Das hilft. Garantiert.

DRÄNGELN

Wer glaubt, dass die Briten Weltmeister im Schlangestehen sind, der war noch nie in Schweden. Hier wird nicht gedrängelt und geschubst. An der Bushaltestelle oder im Laden stellt man sich brav in die Schlange. Möglichst mit gehörigem Abstand zu Vordermann oder -frau. Zu viel Körpernähe und sorgt für Irritation und Unbehagen. Um die Selbstdisziplin nicht allzu sehr herauszufordern, gibt es an vielen Theken und Schaltern einen *nummerlapp*, einen Nummernzettel für die korrekte Reihenfolge. Das gilt für Apotheken oder den Feinkoststand im Supermarkt genau so wie für Fahrkartenschalter. Halten Sie danach Ausschau!

SCHWEDEN MIT „SIE" ANSPRECHEN

Seit 30 Jahren sprechen sich alle Schweden mit „Du" an. Die „Du"-Reform löste die zwischen unterschiedlichen Gesellschaftsklassen unterscheidenden Anredeformen ab. Tiefergestellte Personen wurden zuvor mit einem herablassend empfundenen „Sie" (schwedisch „Ni") angesprochen, das vornehme Volk mit „Herr" und „Frau" plus Nachnamen angeredet. Heute sollten diese Formen geflissentlich vermieden werden. Einzige Ausnahme: Begegnet Ihnen ein Mitglied des Königshauses, bitte NICHT duzen, sondern nur in dritter Person ansprechen („Ist Ihre Majestät auch im Urlaub?"). Doch diese Regel vergessen Sie im Ernstfall vor lauter Nervosität vermutlich dennoch ...